사회통합 프로그램 사전평가

실전 모의고사

시대에듀

머리말

낯선 한국 땅에서 사회통합프로그램 사전평가에 응시하는 이민자들이 시험에 대한 정보를 얻거나 제대로 된 학습서를 구하기는 쉽지 않습니다. 이에 사전평가 모의고사 도서를 원하는 이민자의 요구에 맞춰 『사회통합프로그램 사전평가 실전 모의고사』를 출간하게 되어 무척 기쁩니다.

최근 한국의 위상이 높아지는 만큼 국내 체류 외국인 또한 점차 늘고 있습니다. 이민자들이 한국 사회에 자리를 잡고 정착하기 위해서는 언어적ㆍ사회적 소통이 중요할 수밖에 없습니다. 따라서 입국 초기부터 한국어와 한국 사회에 대한 체계적인 교육이 필요합니다. 이에 법무부에서는 이민자들의 안정적인 한국 사회 정착을 돕기 위해 사회통합프로그램을 실시하고 있으며, 매년 많은 수의 이민자가 사전평가에 응시하고 있습니다.

사회통합교육연구회는 낯선 한국에서 시험을 준비해야 하는 이민자들이 시험장에서 당황하지 않고 자신의 실력을 발휘할 수 있기를 바라며 『사회통합프로그램 사전평가 실전 모의고사』를 기획했습니다.

출입국ㆍ외국인청(사무소)장 주최 및 한국이민재단 주관으로 실시하는 사전평가는 필기시험과 구술시험으로 나뉘며, 필기시험은 한국어와 한국 문화, 한국 사회 이해에 대한 문제로 이루어져 있습니다. 본서는 이민자의 한국어 실력 향상에 도움이 되도록 기출 동형의 실전 모의고사 5회분을 수록했습니다. 또한 OMR 답안지도 함께 제공하여 OMR 답안 작성 연습까지 확실하게 할 수 있습니다.

이 책으로 공부하는 이민자 여러분께 좋은 결과가 있기를, 그리고 여러분 모두가 안정적으로 한국 사회에 정착하기를 기원합니다.

편저자 씀

한눈에 보는 사회통합프로그램 평가 신청 방법

① 사회통합프로그램 평가 홈페이지
(www.kiiptest.org)에 접속 후 로그인

② 사전평가/중간평가/종합평가(영주용·귀화용)
중 선택하여 신청

③ 평가 지역과 날짜, 장소 선택

④ 평가 응시료 결제

⑤ 접수 내역 확인

사회통합프로그램 안내

※ 모든 규정과 세부 내용은 변경될 수 있으니 자세한 사항은 관련 홈페이지를 참고하시기 바랍니다.

✦ 사회통합프로그램이란?

❶ 대한민국에 체류하는 이민자가 한국 사회의 구성원으로 적응 · 자립하는 데 필요한 기본 소양을 체계적으로 함양할 수 있도록 마련한 교육임.

❷ 법무부 장관이 지정한 운영기관에서 소정의 교육을 이수한 이민자에게 체류허가와 영주권 · 국적 부여 등 이민 정책과 연계한 혜택을 제공하여 이민자 사회통합 정책의 핵심적인 역할을 수행하도록 함.

✦ 사회통합프로그램 이수 혜택

❶ 귀화 신청 시 혜택
- 귀화용 종합평가 합격 인정: 귀화용 종합평가 합격자
- 귀화 면접심사 면제: 2018년 3월 1일 이후부터 귀화용 종합평가 합격자만 해당

❷ 영주자격 신청 시 혜택
- 기본 소양 요건 충족 인정
- 실태조사 면제

❸ 그 외 체류자격 신청 시 혜택
- 가점 등 점수 부여
- 한국어 능력 등 입증 면제

❹ 사증(VISA) 신청 시 혜택
- 한국어 능력 등 입증 면제

✦ 참여 대상

❶ 외국인등록증 또는 거소신고증을 소지한 합법 체류 외국인 또는 귀화자
❷ 국적 취득일로부터 3년이 경과하지 않은 귀화자

✦ 사회통합프로그램 교육 과정 및 이수 시간

❶ 한국어와 한국 문화(0~4단계)

- 사전평가 결과에 따라 교육 단계 배정, 한국어능력시험(TOPIK) 등급 소지자는 프로그램에서 동일 수준의 단계를 인정받아 교육 단계 배정
- 0단계(기초), 1단계(초급1), 2단계(초급2), 3단계(중급1), 4단계(중급2)로 구성

❷ 한국 사회 이해(5단계)

- 기본 과정, 심화 과정 2단계로 구성
- 각 과정 이수 후 영주용 종합평가, 귀화용 종합평가 응시

단계	한국어와 한국 문화					한국 사회 이해	
	0단계	1단계	2단계	3단계	4단계	5단계	
과정	기초	초급1	초급2	중급1	중급2	기본	심화
이수 시간	15시간	100시간	100시간	100시간	100시간	70시간	30시간
평가	없음	1단계 평가	2단계 평가	3단계 평가	중간평가	영주용 종합평가	귀화용 종합평가
사전평가 점수	구술시험 3점 미만 (필기점수 무관)	3~20점	21~40점	41~60점	61~80점	81~100점	−

❸ 그 외 교육

- 시민 교육: 이민자의 사회 적응을 위하여 각 분야별 전문기관이 개발한 맞춤형 교육(생활 법률 교육, 마약 예방 교육, 범죄 예방 교육 등 총 8개)이 운영되고 있으며, 법무부 사전 승인을 받아 다양한 시민 교육이 추가될 수 있습니다.
- 지자체 연계 프로그램: 각 지방자치단체의 이민자 대상 문화, 교육, 체험 프로그램 중 사회통합에 기여하는 우수 프로그램을 사회통합프로그램 지자체 연계 프로그램으로 지정하여 참여가 가능합니다.
- 이민자 멘토 교육: 한국에 성공적으로 정착한 이민자가 사회통합프로그램에 참여 중인 이민자의 멘토가 되어 한국 사회 적응을 위한 경험을 공유하는 강연 형식의 상호 소통 교육입니다.

※ 위 교육 참여 시 사회통합프로그램 교육 단계의 출석 시간으로 인정됩니다.

✦ 사회통합프로그램 교육 단계별 신청 방법

1 신청 기간 내에 사회통합정보망 홈페이지에서 로그인 후 '사회통합프로그램 과정 신청' 메뉴 클릭

↓

2 조회된 리스트 중 해당 과정을 개설한 기관명, 과정 기간, 과정 및 단계 등을 확인하여 수강할 과정 선택

↓

3 과정 정보(강사명, 시간, 장소 등)를 확인 후 신청 버튼 클릭(단, 과정 신청 인원이 정원보다 초과되었을 경우 '대기 신청' 버튼 클릭)

↓

4 신청 후 과정 신청 및 배정 대기, 신청 반려 상태 등 확인 가능

※ 사회통합프로그램 과정은 온라인으로만 신청할 수 있습니다.

✦ 사회통합프로그램 평가 단계

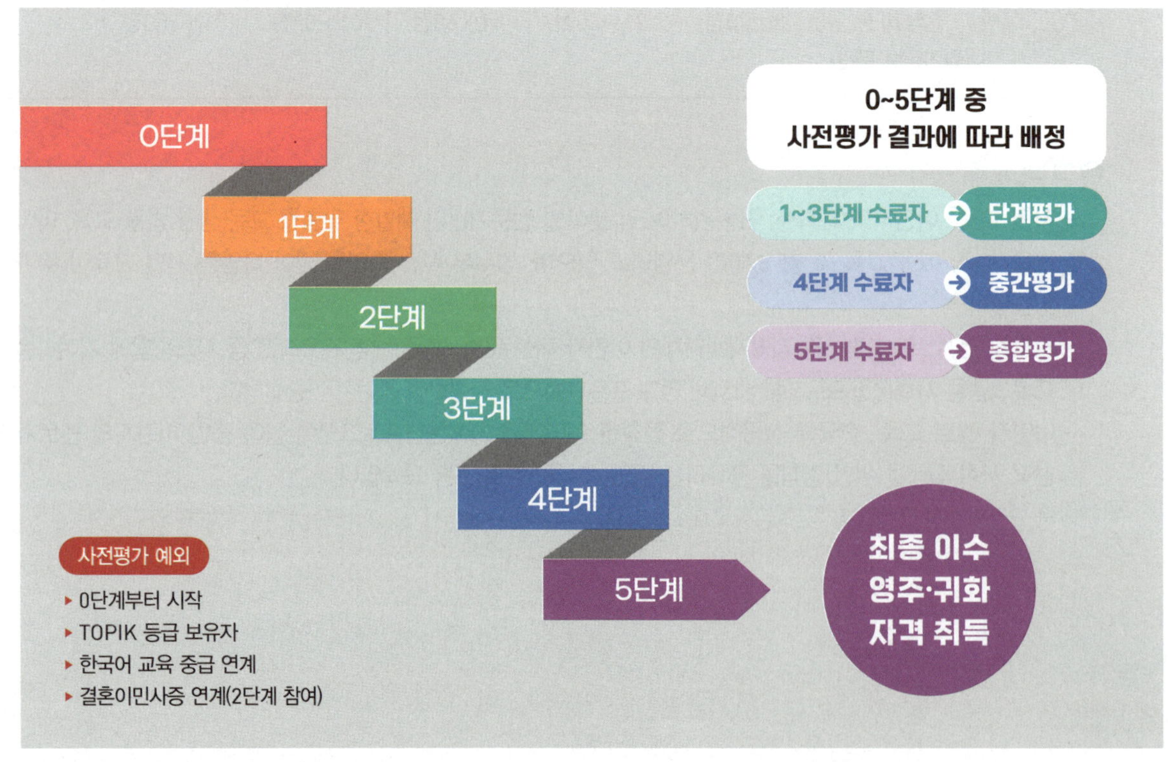

사진으로 미리 보는 빈출 단어

✦ 한국의 인기 여행지와 도시

남산 서울 타워(서울)

경복궁(서울)

한강(서울)

불국사(경주)

석굴암(경주)

해운대와 광안리(부산)

한옥 마을(전주)

자연 경치(제주도)

남이섬(춘천)

✦ 지역 복지 시설

보건소

행정 복지 센터(주민 센터)

문화(체육) 센터

외국인 인력 상담 센터

육아 종합 지원 센터

종합 사회 복지관

다문화가족 지원 센터

지역 아동 센터

구청

사회통합프로그램 사전평가 안내

✦ 사전평가란?

❶ 사회통합프로그램 참여 이민자의 한국어 능력 등을 측정하여 수준에 맞는 교육 단계 및 교육 시간을 배정하기 위한 시험(Level test)임.

❷ 사회통합프로그램 참여자는 모두 사전평가에 응시하여 자신의 실력에 맞는 단계를 배정받아야 함.

✦ 평가 대상

❶ 신청 대상

- 외국인등록증 또는 거소신고증을 소지한 합법 체류 외국인 또는 귀화자
- 동포방문(C-3-8) 사증으로 입국하여 체류기간이 만료되지 않은 사람

❷ 신청 제한 대상

- 국적 취득일로부터 3년이 지난 사람
- 이수 정지일로부터 6개월이 지나지 않은 사람
- 사전평가로 단계를 배정받아 교육에 참여 중인 사람
- 사회통합프로그램 참여 중 제적되어 참여 금지 중인 사람

❸ 이미 단계를 배정받은 사람의 사전평가 재응시:

아래 대상자는 본인이 원하면 사전평가에 다시 응시하여 그 결과에 따라 교육 단계를 재배정받을 수 있음. 단, 이 경우 이전 교육 과정(출석 시간 · 이수 시간 등)은 무효가 되고, 새로 응시하여 나온 결과에 따라 단계가 배정됨. 재응시 결과, 기존에 참여 중인 교육 단계보다 낮은 단계에 배정되더라도 그 결과에 따라야 함.

- 이수 정지일로부터 6개월이 지난 사람
- 사전평가를 거치지 않고 0단계 교육부터 참여 중인 사람
- 사전평가로 단계 배정을 받았으나 교육에 참여하지 않은 사람
- 사전평가 외 단계 배정 방법에 따라 교육 단계를 배정받아 참여 중인 사람

✦ 평가 방법(CBT · PBT 동일)

구분 시험 종류	문항 유형	평가 항목	문항 수	배점 (총 100점)
필기시험 (50문항, 60분)	객관식	한국어	38문항	75점 (50문항×1.5점)
		한국 문화	10문항	
	단답형 주관식	한국어	2문항	
구술시험 (5문항, 약 10분)	읽기	한국어	1문항	25점 (5문항×5점)
	이해하기		1문항	
	대화하기		1문항	
	듣고 말하기		2문항	

✦ 사전평가 외 단계 배정 방법

단계 배정 방법 단계		① 0단계부터 시작	② 한국어능력시험(TOPIK) 등급 보유자	③ 결혼이민사증 연계	④ 한국어 교육 중급 연계
한국어와 한국 문화	0단계	배정	–	–	–
	1단계(초급1)	–	–	–	–
	2단계(초급2)	–	1급	배정	–
	3단계(중급1)	–	2급	–	–
	4단계(중급2)	–	3급	–	–
한국 사회 이해	5단계(기본)	–	4~6급	–	배정

※ 배정 단계 유효 기간: 단계 배정을 받은 날로부터 2년

❶ 0단계부터 시작

사전평가 없이 0단계(한국어와 한국 문화 기초)부터 교육 참여함.

❷ 한국어능력시험(TOPIK) 등급 보유자

사전평가 없이 연계평가 신청을 통해 단계 배정을 받을 수 있음.

❸ 결혼이민사증 연계

2014년 4월 1일에 개정된 「결혼이민(F-6)사증발급지침」에 따라 기초적인 한국어 의사소통이 가능함을 입증한 후 결혼사증발급, 한국에 입국한 결혼이민자는 사전평가 없이 2단계 배정 가능함.

❹ 한국어 교육 중급 연계

타 기관에서 한국어 교육을 받은 이민자가 중급 연계 과정을 통해 응시한 중간평가에 합격할 경우 5단계에 배정 가능함.

CBT·PBT 답안 작성 방법 미리 보기

✦ CBT 답안 작성 방법

수험생은 반드시 자신의 시험 접수증(수험표)과 신분증을 지참해야 합니다.

❶ 접수한 평가 일자와 평가 장소에서 응시하시기 바랍니다. 평가 당일 시작 20분 전까지는 반드시 입실해야 하며, 시험 시작 이후에는 시험장에 들어갈 수 없습니다. 감독관의 안내를 듣고 배정된 좌석에 앉아 지시를 따라야 합니다.

❷ CBT 객관식 답안은 화면에 나오는 번호를 클릭(❶)하거나 오른쪽에 보이는 번호를 클릭(❷)하여 입력할 수 있습니다.

※ 개인의 부주의로 입력되지 않은 문항에 대한 책임은 본인에게 있습니다.

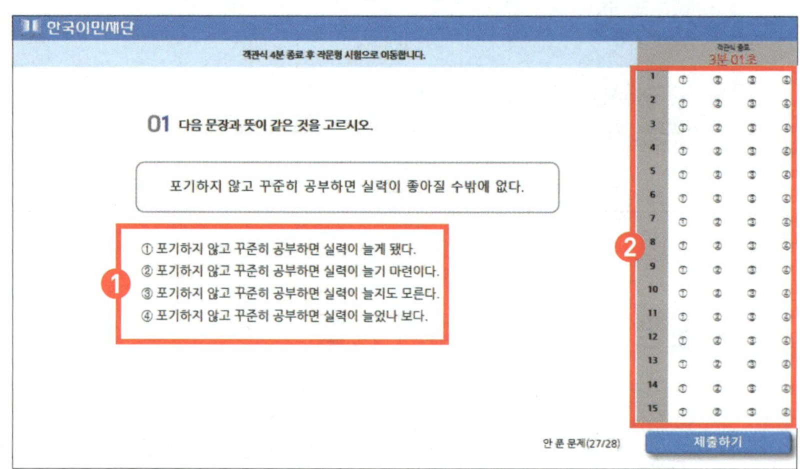

❸ CBT 주관식 답안과 구술시험 답안은 컴퓨터 키보드를 이용하여 직접 입력할 수 있습니다.

✦ PBT 답안 작성 방법

수험생은 반드시 자신의 시험 접수증(수험표), 신분증, 필기구(컴퓨터용 검은색 사인펜, 수정테이프 등)를 지참해야 합니다.

❶ 접수한 평가 일자와 평가 장소에서 응시하시기 바랍니다. 평가 당일 입실 마감 전(12시 30분)까지 반드시 입실해야 하며, 지정된 좌석에 앉아 감독관의 지시에 따라야 합니다.

❷ 답안지의 모든 표기 사항은 평가 당일 감독관이 지급하는 컴퓨터용 검은색 사인펜으로만 작성해야 합니다.

❸ 올바른 OMR 답안지 기재 방법을 숙지하여 답안을 작성해야 합니다.

※ 잘못된 필기구 사용과 답안지의 불완전한 마킹으로 인한 답안 작성 오류는 본인에게 책임이 있습니다.

❹ 평가 종료 후 감독관의 지시가 있을 때까지 퇴실할 수 없으며, 지급된 모든 문제지와 답안지는 반드시 제출해야 합니다.

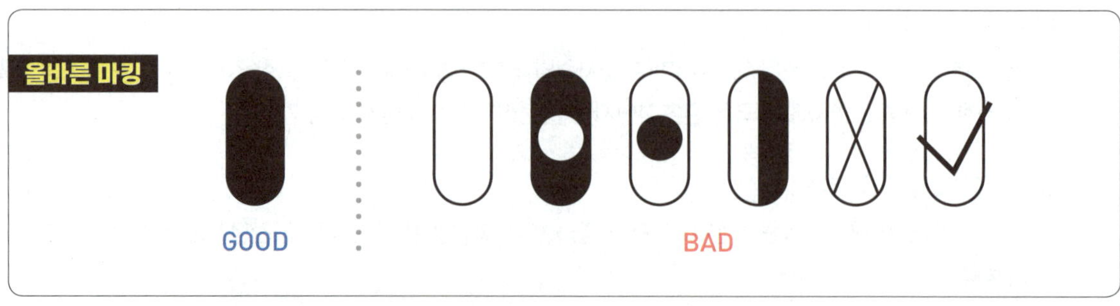

✦ 주의사항

❶ 신분증(외국인등록증, 주민등록증, 여권, 한국 운전면허증, 사진이 첨부된 체류허가 신청확인서)을 지참하지 않으면 평가에 응시할 수 없습니다.

   ※ 신분증 사본, 사진 촬영본 등 원본이 아닐 경우 응시할 수 없습니다.

❷ 시험 시간 중에는 화장실을 이용할 수 없으므로 유의하시기 바랍니다.

❸ 전자기기(휴대폰, 스마트 워치 등)를 사용하거나 대리 응시 등 감독관의 지시를 따르지 않고 부정행위를 할 경우 퇴실해야 하며, 1년 동안 사회통합프로그램에 참여할 수 없습니다.

✦ 구술시험 안내

❶ 구술시험은 필기시험과 같은 날, 필기시험이 끝난 후 실시됩니다.

❷ 구술시험은 약 10분 동안 진행됩니다.

❸ 구술시험 대기실에서 구술시험 채점표 2장을 받습니다.

❹ 받은 채점표에 자신의 성명(이름)을 영어로 정확하게 적고, 외국인등록번호, 일시, 지역을 바른 글씨로 적습니다.

구술시험 채점표

☐ 평가구분: 사전평가

성명	Hong Gil Dong	일시	20○○.○○.○○.	구술 시험관	성명	
외국인등록번호	91○○○○○-5○○○○○○	지역	서울		서명	

※ 제시된 그림은 예시입니다. 실제 평가장의 상황에 따라 자세한 내용은 달라질 수 있습니다.

❺ 구술시험 채점표를 작성한 뒤, 채점표와 신분증을 가지고 순서가 될 때까지 기다립니다.

❻ 순서가 되면 구술시험 채점표와 신분증을 들고 평가장에 들어갑니다.

❼ 평가장에 들어갈 때는 예의 바르게 인사를 하고, 감독관에게 구술시험 채점표와 신분증을 제출합니다.

❽ 정해진 자리에 앉아 감독관의 지시에 따라 문제지를 읽고, 질문에 대답합니다.

❾ 구술시험이 끝난 뒤에는 감독관에게 인사를 합니다.

❿ 평가장을 나올 때 신분증을 반드시 돌려받아야 합니다.

시험 준비 TIP

✦ 필기시험

필기시험에 자주 나오는 문제 유형을 살펴보고 공부를 시작해 보세요! YouTube '사회통합프로그램 STUDY' 채널에 업로드되는 무료 강의를 보면서 공부하면 공부 효과를 두 배로 늘릴 수 있습니다.

❶ 제시된 사진을 설명하는 어휘나 문장 찾기

제시된 사진 속 사물의 어휘나 행동을 나타내는 문장을 찾습니다. 보통은 생활 속에서 많이 쓰이는 어휘를 묻는 문제가 나오지만, 요즘은 행동을 나타내는 문장도 자주 나오므로 평소에 어휘를 잘 정리해 두는 것이 좋습니다.

❷ 유의어 · 반의어 찾기

문장을 읽고 밑줄 친 부분의 뜻을 생각한 뒤, 선택지에서 유의어(뜻이 서로 비슷한 말)나 반의어(뜻이 서로 반대인 말)를 찾습니다. 선택지를 하나씩 넣어 문장의 뜻이 같거나 반대가 되는 것을 찾아도 좋습니다.

❸ 문맥에 맞는 조사 · 어미 찾기

빈칸의 앞뒤 내용을 잘 읽고 어떤 내용과 관계가 있을지 생각합니다. 보통 선택지에서 어휘는 같고, 조사나 어미만 달라지므로 문맥에 맞는 조사나 어미를 찾습니다.

❹ 문맥에 맞는 어휘 찾기

먼저 빈칸을 제외한 나머지 문장을 읽어 보며 힌트를 찾습니다. 그리고 글의 흐름상 빈칸에 어떤 내용이 와야 할지 생각한 후, 선택지에서 알맞은 어휘를 고릅니다.

❺ 틀린 어휘 또는 문장 찾기

주어진 글과 선택지를 읽고 자연스럽지 못한 부분을 찾습니다. 시제나 피동 · 사동 부분에서 출제가 많이 되므로 이 부분에 주의하며 선택지를 살펴봅니다.

❻ 한국 문화 알기

한국의 상징이나 교육, 정치, 경제 등 한국의 문화를 잘 알고 있는지 묻는 유형입니다. 제1편 핵심 이론의 내용을 학습하며 낯선 내용은 반드시 정리해 둡니다.

❼ 세부내용 파악 · 중심 내용 찾기 · 제목 찾기

문제와 선택지를 먼저 읽고, 어디에 중점을 두어 글을 읽어야 할지 생각합니다. 글을 읽으며 정답과 관련 없는 선택지에 ×표 하며 빠르게 정답을 찾습니다.

❽ 문맥에 맞는 표현 찾기(단답형 주관식)

앞뒤의 내용을 읽고 어떤 뜻의 어휘를 또는 어떤 어미를 넣어야 할지 생각합니다. 글의 흐름을 잘 이해하는 것이 중요하므로 앞 문장의 뜻을 잘 파악해야 합니다.

✦ 구술시험

구술시험은 응시자의 듣기와 말하기 능력을 평가하는 시험입니다. 구술 감독관의 질문을 듣고 내 생각을 또박또박, 정확한 발음으로 말할 수 있어야 합니다. 말하기 연습시간이 부족한 학습자들을 위해 구술시험에서 좋은 점수를 받기 위한 방법을 소개합니다.

❶ 소리 내어 말하기

먼저 내가 생각한 답을 적은 후, 해설과 비교해 봅시다. 자신이 적은 답에 부족한 부분이 있다면 답을 다시 적어 봅시다. 그리고 가장 중요한 것은 정리한 답을 직접 소리 내어 말해 보는 것입니다. 직접 소리 내어 말하는 연습을 하지 않고 시험을 보러 가면 너무 떨려서 알고 있는 것도 대답하지 못할 수 있습니다. 반드시 직접 말해 보는 연습을 해야 합니다.

❷ YouTube '사회통합프로그램 STUDY' 채널과 '기둥티비' 채널에서 구술시험과 관련된 강의 듣기

한국어 발음의 정확성과 유창성도 구술시험의 평가 요소입니다. YouTube '사회통합프로그램 STUDY' 채널과 '기둥티비' 채널에서 구술시험과 관련된 다양한 강의를 들으면서 바른 한국어 발음을 익히고, 직접 소리 내어 연습을 한다면 더욱 좋겠죠?

❸ 내 대답을 녹음해서 들어 보기, 동영상으로 대답하는 모습 촬영해서 보기

대답을 녹음해서 듣거나 동영상을 촬영해 보면 발음이 정확한지, 너무 빠르게 혹은 느리게 말하지는 않는지, 목소리가 너무 작거나 크지는 않은지 등을 알 수 있습니다. 그리고 대답할 때 몸을 흔들거나 다리를 떠는 등의 나쁜 습관은 없는지도 확인할 수 있습니다. 나쁜 습관을 고친 뒤 구술시험을 보면 훨씬 좋은 점수를 받을 수 있을 것입니다.

이 책의 구성과 특징

핵심 이론

공인 교재를 반영하여 실제 사전평가에 자주 출제되는 이론을 수록했습니다. 핵심 이론을 학습한 후 Quiz로 배운 내용을 바로 복습해 봅시다.

실전 모의고사

기출 동형의 실전 모의고사 5회분을 수록했습니다. 실제 시험처럼 시간을 재면서 문제를 풀어 봅시다. 구술시험은 반드시 소리 내어 말하는 연습도 하며 실전에 대비해 봅시다.

※ 모바일 OMR 자동채점 서비스는 정답 확인용 채점 서비스입니다.

제 1 회   정답 및 해설

※ 이 책에 사용된 기호: ⑧ 동사, Verb, 动词 ④ 형용사, Adjective, 形容词 ⑨ 명사, Noun, 名词

빨 리 보는 정답

01	02	03	04	05	06	07	08	09	10
②	③	③	②	①	③	④	③	②	④
11	12	13	14	15	16	17	18	19	20
③	①	①	②	③	①	②	④	③	①

01 정답 ②

사진 속의 물건은 시간을 나타내는 기계이므로, 정답은 '시계'이다.

Since the item in the picture is a device that tells time, the correct answer is "clock."

照片中的物品是用来显示时间的装置，因此答案是 "钟表"。

정답 및 해설

실전 모의고사 5회분의 모든 문항에 영어와 중국어로 번역한 해설을 담았습니다. 자세하고 친절한 풀이로 혼자서도 충분히 공부할 수 있습니다.

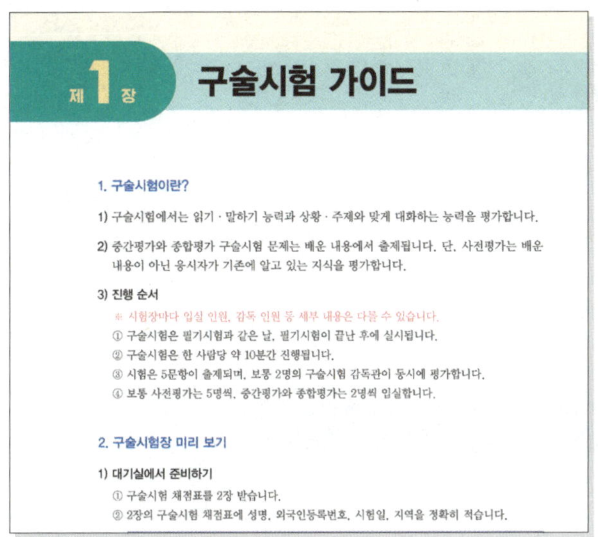

구술시험 가이드

시험장에서 구술시험이 어떻게 진행되는지 이해하기 쉽게 진행 순서대로 정리했습니다. 또한 평가 단계별 시험 미리보기와 고득점 Tip 등 구술시험과 관련된 정보도 자세하게 수록하여 빈틈없이 준비할 수 있습니다.

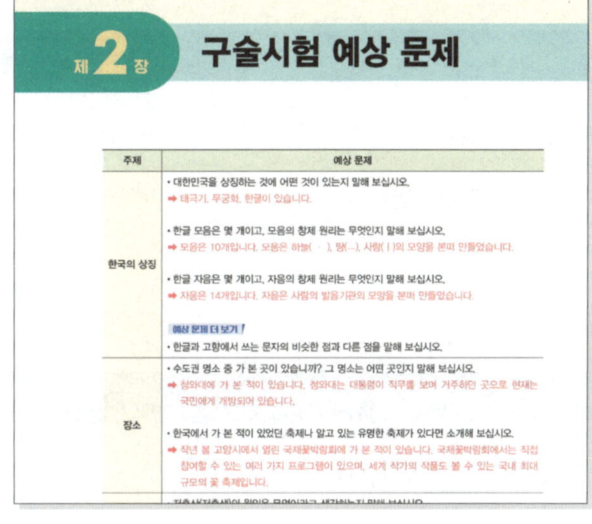

구술시험 예상 문제

구술시험 예상 문제와 예상 문제 더 보기를 수록하여 어떤 질문이 나올지 예측해 보면서 구술시험을 꼼꼼하게 준비해 봅시다. 더불어, 예시답안도 함께 수록해 구술시험을 더욱 완벽하게 준비할 수 있습니다.

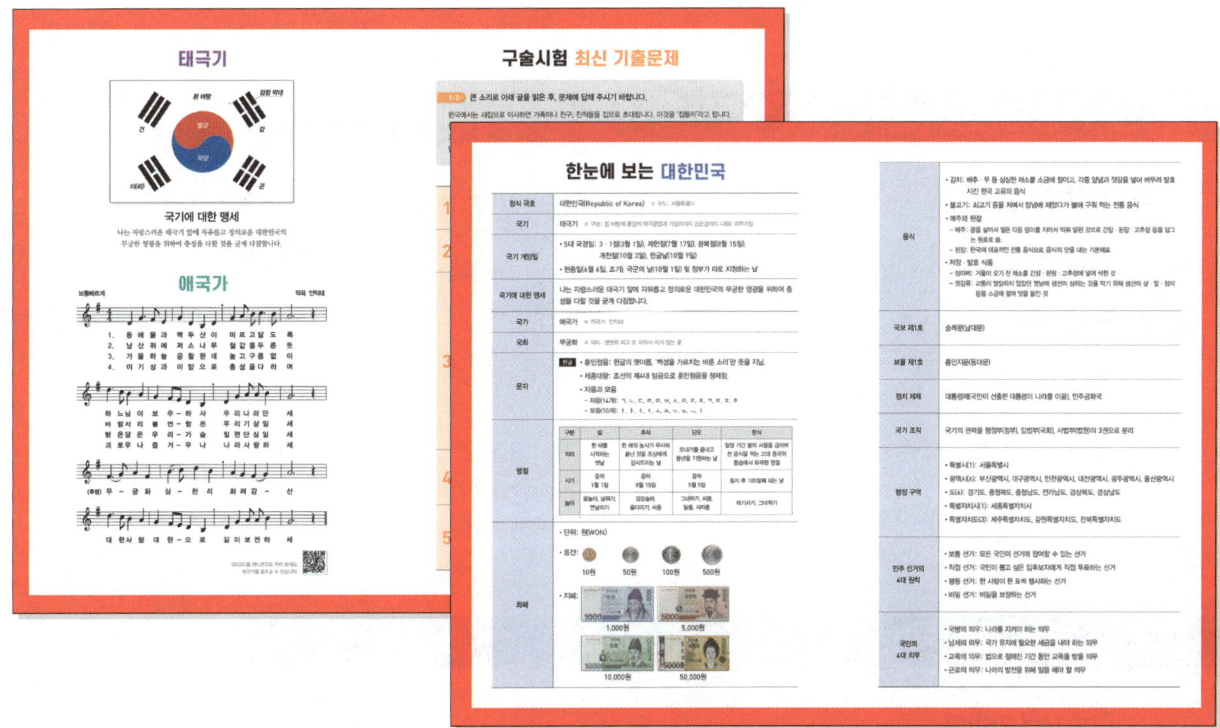

'한눈에 보는 대한민국'과 구술시험 최신 기출문제

꼭 알아야 할 대한민국의 정보를 한눈에 볼 수 있게 정리했습니다. 또한 구술시험 최신 기출문제를 복원·수록하여 면접에 어떤 문제가 나오는지 미리 살펴볼 수 있습니다.

이 책의 목차

제1편 | 핵심 이론

제1장 한국어 · 3

제2장 한국 문화 · 25

제2편 | 실전 모의고사

제1회 실전 모의고사 · · · · · · · · · · · · · · · · · · · 43

제2회 실전 모의고사 · · · · · · · · · · · · · · · · · · · 68

제3회 실전 모의고사 · · · · · · · · · · · · · · · · · · · 93

제4회 실전 모의고사 · · · · · · · · · · · · · · · · · · · 118

제5회 실전 모의고사 · · · · · · · · · · · · · · · · · · · 143

제3편 | 정답 및 해설

제1회 정답 및 해설 · 171

제2회 정답 및 해설 · 189

제3회 정답 및 해설 · 207

제4회 정답 및 해설 · 226

제5회 정답 및 해설 · 244

부록 | 구술시험 준비하기

제1장 구술시험 가이드 · · · · · · · · · · · · · · · · · 263

제2장 구술시험 예상 문제 · · · · · · · · · · · · · · · 267

제1편

핵심 이론

제1장 한국어
제2장 한국 문화

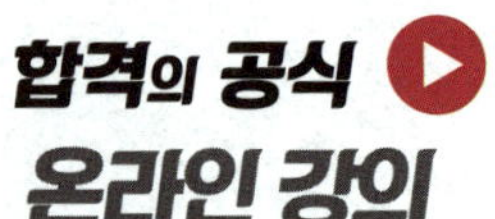

한국어

1. 조사

명사, 대명사, 부사 등에 붙어서 다음에 오는 말과 문법적 관계를 나타내거나 그 말의 뜻을 도와줍니다.

구분	설명	예문
이다	주체의 행동이나 상태를 나타낼 때 사용한다.	• 이것은 책이다. • 재희는 학생이다.
은/는	소개와 설명, 주제어 강조, 대조를 나타낼 때 사용한다.	• 오늘은 춥지만 내일은 안 춥다. • 저는 회사원입니다.
이/가	행동이나 상황의 주어를 강조할 때 사용한다.	• 그 마트는 라면이 쌉니다. • 한국어가 재미있습니다.
을/를	행동에 필요한 대상을 나타낼 때 사용한다.	• 밥을 먹어요. • 커피를 마시고 싶어요.
에[시간]	시간/날/때를 나타낼 때 사용한다.	• 2시에 만나요. • 다음 달에 고향에 갑니다.
에[장소]	❶ 장소를 나타낼 때 사용한다. ❷ 목적지나 장소의 방향을 나타낼 때 사용한다.	• 화장실이 2층에 있습니다. • 학교에 가요.
에서	행동이 이루어지는 장소를 나타낼 때 사용한다.	• 카페에서 친구를 만났습니다. • 은행에서 돈을 찾아요.
~에서 ~까지	출발 장소와 도착 장소를 나타낼 때 사용한다.	• 집에서 학교까지 1시간 걸려요. • 서울에서 고향까지 기차로 가요.
~부터 ~까지	시작 시간과 끝나는 시간을 나타낼 때 사용한다.	• 12시부터 1시까지 점심을 먹어요. • 월요일부터 수요일까지 출장을 가요.
와/과/하고	사람이나 물건을 나열할 때 사용한다.	• 교실에 의자와 책상이 있어요. • 시장에서 수박과 키위를 샀어요. • 냉장고에 양파하고 감자가 있어요.
에게/한테/께	행동의 영향을 받는 대상을 나타낼 때 사용한다.	• 동생에게 전화했어요. • 고향 친구한테 이메일을 썼어요. • 부모님께 선물을 보냈어요?
(으)로[수단]	수단 · 도구 · 방법을 나타낼 때 사용한다.	• 젓가락으로 밥을 먹어요. • 음료수를 무료로 드립니다.

(으)로[방향]	방향을 나타낼 때 사용한다.	• **왼쪽으로** 가면 편의점이 있어요. • **서울로** 가 주세요.
도	이미 있는 것에 다른 것을 더할 때 사용한다.	• 공원에서 산책을 합니다. **자전거도** 탑니다. • 나는 수영을 좋아해. 그리고 **축구도** 좋아해.
보다	다른 것과 비교할 때 사용한다.	• 지금은 **택시보다** 지하철이 빨라. • **여름보다** 겨울을 더 좋아해요.
마다	빠짐없이 모두를 나타낼 때 사용한다.	• **주말마다** 청소해요. • **사람마다** 좋아하는 음식이 다르다.
처럼	모양이나 정도가 비슷하거나 같을 때 사용한다.	• 그 사람은 **가수처럼** 노래를 잘 불러요. • 5월인데 **여름처럼** 덥다.
밖에	오직 그것만을 선택할 때 사용한다.	• 시험 시간이 **5분밖에** 안 남았어요. • 지금 **만 원밖에** 없어요.
(이)나	❶ 예상되는 정도를 넘었거나 많을 때 사용한다. ❷ 두 가지 이상의 사물 중 하나를 선택할 때 사용한다.	• 이번 달 교통비로 **30만 원이나** 썼어요? • **산이나** 바다로 여행을 가고 싶어요.
만큼	앞말과 비슷한 정도임을 나타낼 때 사용한다.	• 오늘 본 공연은 전에 본 **공연만큼** 아주 재미있었어. • 마코 씨는 **한국 사람만큼** 한국어가 유창해요.
조차	예상하기 어려운 상황 이상의 경우까지 더해질 때 사용한다.	• 몸이 너무 아파서 일어나는 **것조차** 힘들어요. • 한국 생활에 적응하지 못했을 때 **말조차** 안 나왔어요.
(이)야말로	앞에서 이야기한 사실을 강조할 때 사용한다.	• **저분이야말로** 존경할 만한 정치인이라고 할 수 있지요. • **너야말로** 그렇게 하면 안 돼.
은/는커녕	어떤 사실(또는 그보다 못한 것까지)을 부정할 때 사용한다.	• **보너스는커녕** 아직 월급도 못 받았어요. • **아침은커녕** 늦게 일어나서 물도 못 마셨어요.
치고	❶ 전체가 예외 없이 뒤의 내용과 같을 때에 사용한다. ❷ 그중에서 예외적임을 나타낼 때 사용한다.	• 이 물건은 **중고치고** 상태가 아주 좋다. • 외국에서 사는 **사람치고** 안 힘든 사람은 없으니까 힘을 내세요.

2. 연결어미

앞말에 붙어 앞뒤 내용을 연결해 주는 말입니다.

구분	설명	예문
–아/어서	❶ 순서를 나타낼 때 사용한다. ❷ 이유를 나타낼 때 사용한다.	• 지난 주말에 친구를 만나서 같이 영화를 봤어요. • 감기에 걸려서 병원에 갔어요.
–(으)ㄴ/는데	❶ 대조(반대)를 나타낼 때 사용한다. ❷ 배경 상황을 제시할 때 사용한다.	• 한국은 추운데 고향은 더워요. • 내일 수업 시간에 발표하는데 잘할 수 있을지 걱정이 된다.
–고	❶ 두 가지 이상의 사실을 나열할 때 사용한다. ❷ 어떤 일이나 동작이 차례대로 일어날 때 사용한다.	• 어머니께 항상 고맙고 미안합니다. • 영지야, 숙제는 하고 자렴.
–(으)면	❶ 어떤 상황에 대한 조건을 말할 때 사용한다. ❷ 불확실한 사실을 가정할 때 사용한다. ❸ '만약(에), 만일(에)'와 자주 사용한다.	• 많이 아프면 병원에 가 보세요. • 만약 돈이 많으면 세계 여행을 하고 싶어요.
–(으)니까	어떤 일의 원인이나 이유, 근거를 강조할 때 사용한다.	• 내일 중요한 회의가 있으니까 늦지 마세요. • 돌잔치에 가니까 금반지를 사는 게 어때요?
–(으)면서	두 가지 행동을 동시에 할 때 사용한다.	• 보름달을 보면서 소원을 빈다. • 고향 음식을 먹으면서 이야기를 나누었어요.
–(으)려고	의도, 목적에 대한 행동을 나타낼 때 사용한다.	• 소포를 보내려고 우체국에 갔다. • 밥을 먹으려고 식당을 예약했습니다.
–(으)려면	❶ 어떤 행동을 할 의도가 있는 경우를 가정할 때 사용한다. ❷ 미래의 일을 가정할 때 사용한다.	• 외국인 등록증을 재발급 받으려면 사진과 여권이 필요합니다. • 수업이 끝나려면 아직 한 시간이나 남았어요.
–게	뒤에 오는 동사의 정도나 방법 등을 보충해서 말할 때 사용한다.	• 밥을 먹기 전에 손을 깨끗하게 씻어요. • 날씨가 더우니까 머리를 좀 짧게 잘라 주세요.
–다가	행동 중에 다른 행동이나 상태로 바꿀 때 사용한다.	• 어젯밤에 텔레비전을 보다가 피곤해서 잠이 들었다. • 책을 읽다가 친구를 만나서 밖으로 나갔어요.

−았/었다가	어떤 행동이나 상태가 중단된 후 다른 행동이나 상태로 바뀔 때 사용한다.	• 여행을 가려고 비행기 표를 예매했다가 급한 일이 생겨서 취소했다. • 불을 껐다가 켰다.
−아/어도	앞에 오는 말을 인정하지만 뒤에 오는 말과 관계가 없거나 영향을 끼치지 않을 때 사용한다.	• 아무리 몸이 아파도 결석하지 마세요. • 나는 시간이 없어도 아침밥은 꼭 먹는다.
−느라고	어떤 행동이 뒤에 오는 말의 목적이나 원인이 될 때 사용한다.	• 어제 이사하느라고 힘들었지요? • 낯선 환경에 적응하느라고 정신이 없었어요.
−더니	❶ 과거에 관찰하여 알게 된 사실에 대해 뒤이은 행위나 상황을 나타낼 때 사용한다. ❷ 과거에 관찰하여 알게 된 사실에 대해 반대된 사실을 나타낼 때 사용한다. ❸ 과거에 관찰하여 알게 된 사실에 대해 결과를 나타낼 때 사용한다.	• 혜영이가 책을 빌려가더니 소식이 없어요. • 감기가 낫는 듯하더니 다시 콧물이 나요. • 나나는 밥을 급하게 먹더니 배탈이 났다.
−았/었더니	과거에 직접 관찰하거나 경험한 사실의 결과를 말할 때 사용한다.	• 어제 야구장에서 큰 목소리로 응원했더니 목이 아픈 것 같아요. • 점심을 급하게 먹었더니 소화가 안 되네요.
−도록	행동의 목적이나 결과, 방식 등을 나타낼 때 사용한다.	• 구급차가 지나가도록 길을 비켜 주세요. • 감기가 낫도록 주말에는 푹 쉬세요.
(으)로 인해	뒤에 나오는 일의 원인을 나타낼 때 사용한다.	• 태풍으로 인해 비행기 출발이 지연되고 있습니다. • 최근 매운 음식으로 인해 위염 환자가 증가하고 있다.

3. 관형사형 어미

앞말에 붙어서 뒤에 나오는 명사를 꾸며 주는 말입니다.

구분	설명	예문
-(으)ㄴ[과거]	어떤 일이나 동작이 과거에 일어났음을 나타낼 때 사용한다.	• 어제 먹은 빵
-는[현재]	어떤 일이나 동작이 현재에 일어남을 나타낼 때 사용한다.	• 오늘 먹는 빵
-(으)ㄹ[미래]	추측, 예정, 가능성 등 미래를 나타낼 때 사용한다.	• 내일 먹을 빵
-던	사건이나 동작이 과거에 완료되지 않고 중단되었을 때 사용한다.	• 못 보던 가방이네요. • 이 음식은 제가 고향에서 자주 먹던 음식이에요.
-았/었던	어떤 일이 과거에 일어났음을 회상할 때 사용한다. '완료'의 의미가 강하다.	• 그 병원은 내가 어렸을 때 갔던 곳이야. • 김치찌개는 제가 제일 좋아했던 음식이에요.

4. 복합 연결어미

두 가지 이상의 문법적 요소가 합쳐져 앞뒤 내용을 연결해 주는 말입니다.

구분	설명	예문
-(으)ㄹ 때(는)	어떤 행동이나 상황에서 일어난 순간을 나타낼 때 사용한다.	• 아플 때 가족이 생각나요. • 답답할 때 친구에게 이야기하세요.
-(으)ㄴ 채(로)	앞의 내용이 계속되는 상태에서 뒤의 내용이 이루어질 때 사용한다.	• 아기는 과자를 손에 쥔 채 잠이 들었어요. • 문제를 다 풀지 못한 채로 시험지를 제출했어요.
-기 위해서	어떤 일의 의도나 목적을 나타낼 때 사용한다.	• 시험에 합격하기 위해서 그동안 열심히 노력했어요. • 건강을 유지하기 위해서 매일 운동을 해요.
-기 때문에	어떤 일의 이유나 원인을 나타낼 때 사용한다.	• 매일 늦게 자기 때문에 항상 피곤해요. • 가족이 많기 때문에 어려울 때 서로 도움을 줄 수 있다.
-(으)ㄹ까 봐	그러한 행위가 발생하는 것 또는 그러한 상황이 될 것을 염려할 때 사용한다.	• 결혼식에 비가 올까 봐 걱정했어요. • 약속 시간에 늦을까 봐 지하철을 탔어요.

구분	설명	예문
-는 바람에	앞의 내용이 뒤에 오는 내용의 부정적인 원인이 될 때 사용한다.	• 늦잠을 자는 바람에 학교에 지각했어요. • 갑자기 급한 일이 생기는 바람에 점심도 못 먹었어요.
-(으)ㄴ/는 김에	앞의 행동을 하고 덧붙여서 뒤의 행동도 함께 할 때 사용한다.	• 부엌 수리를 하는 김에 화장실도 고쳤어요. • 늦은 김에 천천히 갑시다.
-(으)ㄹ 테니까	조건(강한 추측, 의지)을 나타낼 때 사용한다.	• 지하철에 사람이 많을 테니까 마스크를 쓰고 가세요. • 내가 요리할 테니까 너는 빨래를 해.
-(으)ㄴ/는 데다가	어떤 동작이나 상태에 비슷한 동작이나 상태를 더해서 말할 때 사용한다.	• 이 집은 넓은 데다가 남향이다. • 제주도는 경치가 아름다운 데다가 맛있는 해산물이 많아요.
-(으)ㄹ 정도로	뒤에 오는 행동이나 상태가 앞말과 비슷한 정도를 나타낼 때 사용한다.	• 이 책은 밤을 새워서 읽을 정도로 재미있어요. • 출퇴근 시간에는 발 디딜 틈이 없을 정도로 지하철에 사람이 많다.
-(으)ㄹ 텐데	어떤 내용에 대해 말하는 사람의 추측을 나타낼 때 사용한다.	• 오후에 비가 올 텐데 우산을 가지고 가세요. • 친구가 기다리고 있을 텐데 빨리 가야겠어요.
-(으)ㄹ 뿐만 아니라	어떤 사실에 더하여 다른 상황도 나타낼 때 사용한다.	• 요즘에는 핵가족이 늘어날 뿐만 아니라 홀로 사는 노인도 많아지고 있다. • 이 식당은 분위기가 좋을 뿐만 아니라 음식도 맛있어요.

5. 종결어미

한 문장을 끝낼 때 쓰는 말입니다.

구분	설명	예문
-(으)세요	설명, 명령, 요청 등의 뜻을 나타낼 때 사용한다.	• 잠깐만 기다리세요. • 7시에 전화하세요.
-잖아요	어떤 상황을 듣는 사람에게 확인하거나 정정해 주듯이 말할 때 사용한다.	• 아까 점심을 굶었잖아요. • 괜찮아요. 잘하고 있잖아요.
-기는요	상대방의 말을 부정할 때 사용한다.	• 좋아하기는요. 책만 펴면 잠이 쏟아지는 걸요. • 음식 솜씨가 좋기는요. 다른 사람들도 이 정도는 해요.

–(으)ㄹ래요	❶ 자신의 의지를 표현하거나 상대방의 생각을 물을 때 사용한다. ❷ 상대방에게 부드럽게 요청이나 부탁을 할 때 사용한다.	• 오늘은 집에서 쉴래요. • 물 좀 주실래요?
–(으)ㄴ/는대요, –대요	❶ 상대방에게 다른 곳에서 얻은 정보를 전할 때 사용한다. ❷ 상대방이 들은 내용에 대해 물을 때 사용한다.	• 책에서 읽었는데 물을 너무 차갑게 해서 마시는 것은 좋지 않대요. • 케이시는 언제 미국으로 돌아간대요?
–(으)ㄹ까요?	상대방의 의견을 묻거나 제안할 때 사용한다.	• 내일 몇 시에 만날까요? • 수업 후에 커피를 마실까요?
–나요?, –(으)ㄴ가요?	(친한 사이에서) 상대방에게 물어볼 때 사용한다.	• 요즘 한국어를 배우는 사람이 많은가요? • 휴대 전화가 고장이 났는데 어떻게 해야 되나요?

6. 복합 종결어미

두 가지 이상의 문법적 요소가 합쳐져 문장을 끝낼 때 쓰는 말입니다.

구분	설명	예문
–(으)ㄹ 거예요	미래의 일이나 계획을 말할 때 사용한다.	• 저녁에 뭐 먹을 거예요? • 이번 휴일에 놀이공원에 갈 거예요.
–아/어 놓다/ 두다	어떤 동작이 끝난 상태가 그대로 유지될 때 사용한다.	• 손수건은 서랍에 넣어 놓았어요. • 책장에 꽂아 놓은 책이 없어졌어요.
–아/어 있다	어떤 일이 끝나지 않고 그 상태가 계속될 때 사용한다.	• 아이가 날리던 연이 나무에 걸려 있다. • 저는 먼저 가 있을게요.
–(으)러 가다/ 오다/다니다	가거나 오거나 하는 동작의 목적을 나타낼 때 사용한다.	• 한국에 일하러 왔어요. • 도서관에 책을 빌리러 가요.
–지 말다	어떤 행동을 하지 못하게 할 때 사용한다.	• 동생이랑 싸우지 마라. • 버스 정류장에서 담배를 피우지 마세요.
–지 않다	부정이나 반대의 뜻을 나타낼 때 사용한다.	• 저는 아침을 먹지 않아요. (= 저는 아침을 안 먹어요.) • 일요일에는 출근을 하지 않아요. (= 일요일에는 출근을 안 해요.)
–지 못하다	동사가 나타내는 동작을 할 수 없을 때 사용한다.	• 토요일에 누가 오지 못해요? (= 토요일에 누가 못 와요?) • 갑자기 일이 생겨서 모임에 가지 못해요. (= 갑자기 일이 생겨서 모임에 못 갔어요.)

문법	설명	예문
–(으)ㄹ 수 있다/없다	어떤 일을 할 수 있는 능력이 있을 때(또는 없을 때) 사용한다.	• 한국어로 문자를 보낼 수 있어요. • 너무 매워서 먹을 수 없어요.
–(으)ㄹ 것 같다	어떤 일에 대한 추측을 나타낼 때 사용한다.	• 저 가방은 좀 비쌀 것 같아요. • 동생이 이 선물을 받으면 아주 좋아할 것 같아요.
–(으)ㄴ/는 적이 있다/없다	과거의 경험을 나타낼 때 사용한다.	• 한국에서 실수한 적이 있어요? • 한복을 입어 본 적이 없어요.
–(으)려고 하다	어떤 일을 하고자 하는 의도나 목적이 있을 때 사용한다.	• 피곤해서 쉬려고 해요. • 비가 와서 오늘은 집에 있으려고 한다.
–아/어야 되다/하다	반드시 어떤 행동을 해야 할 의무가 있거나 필요가 있을 때 사용한다.	• 회사에 몇 시에 가야 돼요? • 신용 카드를 만들 때 신분증이 있어야 돼요.
–고 있다	❶ 어떤 동작이 끝나지 않고 지금도 진행 중일 때 사용한다. ❷ 어떤 일이 반복적으로 계속될 때 사용한다.	• 아직도 상품을 정리하고 있어요. • 저는 무역 회사에서 번역 일을 하고 있어요.
–아/어 보이다	어떤 일에 대해 겉으로 볼 때 그 상태나 상황을 추측할 때 사용한다.	• 짐이 많아서 집이 좁아 보입니다. • 요즘 많이 피곤해 보여요.
–(으)면 되다	어떤 결과나 기준을 만족시킬 만한 조건이나 정도를 나타낼 때 사용한다.	• 이 약은 식사 후에 드시면 됩니다. • 국물이 짜면 물을 조금 더 넣으면 돼요.
–(으)ㄹ 만하다	❶ 앞말이 나타내는 행동을 할 가치가 있음을 나타낼 때 사용한다. ❷ 어떤 행동을 하는 것이 충분히 가능할 때 사용한다.	• 이 책상은 좀 오래 됐지만 아직 튼튼해서 쓸 만해요. • 이 김치는 맵지만 먹을 만해요.
–게 되다	❶ 외부의 영향으로 어떤 상태나 상황이 되는 것을 나타낼 때 사용한다. ❷ '결국, 마침내, 드디어'와 자주 사용한다.	• 친구 소개로 만나게 됐어요. • 장사가 안 돼서 결국 가게 문을 닫게 되었습니다.
–게 하다	다른 사람에게 어떤 행동을 하도록 시키거나 물건이 어떤 작동을 하게 만들었을 때 사용한다.	• 이 약은 식후에 먹게 하세요. • 선생님께서 학생들에게 창문을 열게 하셨어요.
–아/어 가다	❶ 어떤 행동이나 상태가 계속 진행될 때 사용한다. ❷ '거의, 점점, 다, 점차'와 자주 사용한다.	• 일이 거의 다 끝나 가요. • 한국에 온 지 3년이 되어 갑니다.
–(으)ㄹ 수밖에 없다	다른 방법이나 가능성이 없을 때 사용한다.	• 지금은 밥이 없어서 빵을 먹을 수밖에 없어요. • 갑자기 출장을 가게 돼서 수업에 빠질 수밖에 없었어요.

–(으)ㄴ/는 줄 알다/모르다	어떤 사실을 그러한 것으로 잘못 알고 있을 때(혹은 모르고 있을 때) 사용한다.	• 인터넷에서 사진만 보고 가방이 **큰 줄 알았어요**. • 시험이 너무 어려워서 **떨어진 줄 알았어요**.
얼마나 –(으)ㄴ/는지 모르다	어떤 사실이나 생각, 느낌이 매우 그렇다고 강조해서 말할 때 사용한다.	• 라흐만 씨가 일을 **얼마나** 빨리 **배우는지 몰라요**. • 어제 저녁부터 굶어서 지금 **얼마나** 배가 **고픈지 몰라요**.
–(으)ㄹ 뻔하다	그 일이 일어나지 않았지만 거의 일어나기 직전의 상황까지 갔을 때 사용한다.	• 택시를 타지 않았다면 **늦을 뻔했어요**. • 길이 너무 미끄러워서 **넘어질 뻔했어요**.
–고 말다	의도하지 않은 일이 안타깝게도 결국 일어났을 때 사용한다.	• 친구가 선물해 준 시계를 **잃어버리고 말았어요**. • 과장님께 반말을 **하고 말았어요**.
–(으)ㄴ/는 법이다	앞의 상태나 행동이 당연하거나 이미 그렇게 정해졌을 때 사용한다.	• 노력하는 사람이 기회를 **잡는 법이다**. • 잘못을 하면 벌을 **받는 법이지요**.
–나 보다, –(으)ㄴ가 보다	❶ 어떤 사실을 추측할 때 사용한다. ❷ 비슷한 문법으로 '–(으)ㄴ/는 모양이다'가 있다.	• 다음 달에 있을 선거 운동을 **준비하나 봐요**. • 새로 시작한 드라마가 인기가 **많은가 봐요**.
–(으)ㄹ지도 모르다	확실하지 않은 내용을 추측하거나 짐작하여 말할 때 사용한다.	• 지금은 퇴근 시간이라서 길이 많이 **막힐지도 몰라요**. • 제 꿈을 이루는 데까지 시간이 오래 **걸릴지도 모르겠지만** 최선을 다할 것입니다.
–(으)ㄹ 리가 없다	어떤 일이 일어날 가능성이 없을 때 사용한다.	• 잭슨 씨가 나탈리 씨보다 일찍 **도착했을 리가 없어요**. • 그런 말을 **했을 리가 없어요**.

7. 피동사, 사동사, 간접화법

1) 피동사

다른 힘에 의해 이루어지는 일을 나타낼 때 사용한다.

−이−	놓이다, 바뀌다, 보이다, 쌓이다, 쓰이다
−히−	닫히다, 막히다, 먹히다, 읽히다, 잡히다
−리−	걸리다, 들리다, 물리다, 열리다, 팔리다
−기−	감기다, 끊기다, 안기다, 찢기다, 쫓기다

예 와, 방에서 산이 보이네요?

퇴근 시간이라서 길이 많이 막혔어요.

자는 동안 모기한테 팔을 물려서 너무 가렵다.

친구와 전화를 하는 중에 갑자기 전화가 끊겼다.

2) 사동사

다른 사람이나 동물에게 어떤 행동을 하게 할 때 사용한다.

−이−	먹이다, 끓이다, 녹이다, 높이다, 보이다, 죽이다
−히−	입히다, 눕히다, 익히다, 앉히다, 읽히다, 잡히다
−리−	살리다, 놀리다, 돌리다, 말리다, 알리다, 울리다
−기−	신기다, 감기다, 맡기다, 벗기다, 씻기다, 남기다
−우−	태우다, 깨우다, 세우다, 씌우다, 재우다, 키우다
−추−	늦추다, 맞추다, 낮추다

예 그럼 제가 라면을 끓일게요.

날씨가 추우니까 아이 옷을 따뜻하게 입히세요.

다른 사람에게 저의 소식을 알리지 마세요.

음식이 맛있어서 남기지 않고 다 먹었어요.

저는 언제나 아이를 자동차 뒷자리에 태워요.

아이는 모양을 맞추느라 정신이 없어요.

3) 간접화법

다른 사람에게 들은 말을 전달할 때 사용한다.

구분	표현	예문
평서문	–(ㄴ/는)다고 하다	안내원: 오늘부터 항공권 할인 행사가 시작됩니다. 전달 ➡ 오늘부터 항공권 할인 행사가 시작된다고 해요.
의문문	–(으)냐고 하다	친구: 케이팝을 좋아해? 전달 ➡ 친구가 케이팝을 좋아하냐고 했어요.
청유문	–자고 하다	남편: 저녁에 외식합시다. 전달 ➡ 남편이 저녁에 외식하자고 했어요.
명령문	–(으)라고 하다	의사: 식후 30분에 약을 드세요. 전달 ➡ 의사 선생님이 식후 30분에 약을 먹으라고 했어.

8. 불규칙 동사

1) 으 탈락

모음 '_'가 모음과 만나면 탈락한다.

구분		기본형	–아/어요	–았/었어요
ㅏ, ㅗ O	+ 아요	고프다	고파요	고팠어요
		바쁘다	바빠요	바빴어요
ㅏ, ㅗ X	+ 어요	기쁘다	기뻐요	기뻤어요
		예쁘다	예뻐요	예뻤어요

📍 아침을 안 먹었더니 배가 너무 고파요.

월요일부터 금요일까지 업무가 많아서 바빴어요.

어제 친구들이 생일 파티를 해줘서 정말 기뻤어요.

꾸미지 않아도 예뻐요.

2) ㄹ 탈락

받침 'ㄹ'이 'ㄴ, ㅂ, ㅅ'와 만나면 탈락한다.

구분	기본형	–(으)세요	–(으)ㅂ니다
받침 'ㄹ' + ㄴ, ㅂ, ㅅ	열다	여세요	엽니다
	만들다	만드세요	만듭니다

📍 병원은 9시에 문을 엽니다.

외국인등록증은 출입국 · 외국인청에서 만드세요.

3) 르 불규칙

'르'가 모음을 만나면 'ㄹ'이 오고 'ㅡ'는 탈락한다.

구분	기본형	–아/어요	–았/었어요
'르' + 모음어미	모르다	몰라요	몰랐어요
	다르다	달라요	달랐어요
	서두르다	서둘러요	서둘렀어요
	부르다	불러요	불렀어요

⑩ 안경이 어디에 있는지 몰라요.

한국의 문화와 고향의 문화는 달라요.

오늘 늦게 일어나서 준비를 서둘렀어요.

노래를 너무 많이 불러서 목소리가 안 나와요.

4) ㄷ 불규칙

받침 'ㄷ'은 모음을 만나면 'ㄹ'로 바뀐다.

구분	기본형	–아/어요	–았/었어요
받침 'ㄷ' + 모음어미	듣다	들어요	들었어요
	걷다	걸어요	걸었어요

⑩ 이 소식 들었어요?

어제 너무 많이 걸어서 다리가 아파요.

5) ㅂ 불규칙

받침 'ㅂ'이 모음을 만나면 '오/우'로 바뀐다.

예외 돕다

구분	기본형	–아/어요	–으니까
받침 'ㅂ' + 모음어미	돕다*	도와요	도우니까
	맵다	매워요	매우니까
	덥다	더워요	더우니까
	어렵다	어려워요	어려우니까

⑩ 저는 어머니를 잘 도와드려요.

김치는 매워서 못 먹겠어요.

제 고향보다 한국이 더 더워요.

혼자 공부하면 어려우니까 같이 공부해요.

6) ㅅ 불규칙

받침 'ㅅ'이 모음을 만나면 탈락한다.

구분	기본형	-아/어요	-아/어서
받침 'ㅅ' + 모음어미	낫다	나아요	나아서
	붓다	부어요	부어서
	젓다	저어요	저어서
	짓다	지어요	지어서

🔴예 이 약을 먹으면 빨리 나을 거예요.
어젯밤에 라면을 먹고 잤더니 얼굴이 부었어요.
커피에 설탕과 우유를 넣고 저으세요.
고향에 돌아가면 큰 집을 지으려고 합니다.

7) ㅎ 불규칙

받침 'ㅎ' 뒤에 'ㄴ, ㄹ, ㅁ, ㅂ'이 올 경우 'ㅎ'이 탈락한다. 그리고 받침 'ㅎ'과 '-아/어요'가 만나면 모음 'ㅣ'가 온다.

예외 좋다, 넣다

기본형	-(으)ㄴ	-아/어요
빨갛다	빨간	빨개요
하얗다	하얀	하얘요
파랗다	파란	파래요
어떻다	어떤	어때요
그렇다	그런	그래요
좋다*	좋은	좋아요
넣다*	넣은	넣어요

🔴예 그 사람을 만나면 얼굴이 빨개진다.
눈이 오니까 온 세상이 하얘요.
파란 하늘을 배경으로 촬영을 했다.
고향 방문은 어땠어요?
어제 날씨가 흐리더니 오늘도 그래요.
오늘 좋은 일이 생길 것 같아요.
가방에 더 넣을 물건이 있어요?

9. 주제별 주요 어휘

주제	어휘
인사와 소개	이름, 직업, 국적, 명함
교실 속 사물	책, 공책, 책상, 의자, 칠판, 지도, 필통, 볼펜
일상생활 속 사물	휴지, 수건, 소파, 에어컨, 냉장고, 옷장, 침대, 시계, 컴퓨터, 거울, 식탁, 컵
장소	회사, 기숙사, 학교, 편의점, 은행, 집, 식당, 카페, 병원, 약국, 시장, 마트, 영화관(극장), 화장실, 박물관, 국립공원, 한강, 경찰서, 근처, 밖, 안, 앞, 옆, 뒤, 오른쪽, 왼쪽
날짜와 시간	몇 월, 며칠, 시, 분, 반, 오전, 오후, 지난주, 이번 주, 다음 주, 요일, 주말, 평일
가족	할머니, 할아버지, 부모님, 언니, 오빠, 누나, 형, 성함(이름), 연세(나이), 생신(생일), 댁(집), 계시다(있다), 드시다(먹다), 주무시다(자다), 모시다, 높임말, 확대가족, 핵가족, 세대, 유대, 분가하다, 가사, 분담하다, 다문화 가족, 맞벌이 부부, 1인 가구, 한부모 가족, 주말부부, 독거노인, 국제결혼, 입양하다, 독립하다, 결혼하다, 이혼하다, 재혼하다, 육아 휴직, 혼인율, 출산율, 저출산(저출생), 고령화, 고부, 갈등
교통	자동차, 버스, 지하철, 비행기, 기차, 고속버스, 자전거, 터미널, 정류장, 지하철역, 주차장, 대중교통, 교통 카드, 버스 전용차로, 운전면허증, 신호등, 횡단보도, 사거리(네거리), 맞은편, 쭉 가다, 똑바로 가다, 갈아타다, 환승하다, 출구로 나가다
계절과 날씨	사계절, 봄, 여름, 가을, 겨울, 기후, 따뜻하다, 덥다, 쌀쌀하다, 춥다, 시원하다, 꽃이 피다, 눈썰매, 단풍, 맑다, 흐리다, 찬바람, 바람이 불다, 체감, 온도, 습도, 강수량, 미세 먼지, 최저 기온, 최고 기온, 일교차가 크다, 영하, 영상, 폭염, 폭우, 태풍, 폭설, 가뭄, 한파, 주의보, 경보, 대피하다, 열대야, 건조하다
음식	재료, 신선하다, 시원하다, 달다, 쓰다, 시다, 짜다, 매콤하다, 짭짤하다, 싱겁다, 맛집, 밑반찬, 씻다, 벗기다, 썰다, 다지다, 끓이다, 튀기다, 찌다, 삶다, 볶다, 무치다, 굽다, 데치다, 익다, 절이다, 간을 맞추다, 부치다
기분 · 감정 · 성격	기분이 좋다, 기분이 나쁘다, 기쁘다, 행복하다, 신나다, 반갑다, 즐겁다, 슬프다, 외롭다, 화나다, 걱정되다, 짜증나다, 답답하다, 내성적, 외향적, 적극적, 소극적, 꼼꼼하다, 덜렁거리다, 다정하다, 무뚝뚝하다, 느긋하다, 급하다, 활발하다, 앞에 나서다, 유머 감각, 설레다, 시끄럽다, 그립다, 신기하다, 낯설다, 익숙하다, 적응하다, 서투르다, 즐기다, 기대감, 외로움, 호기심, 책임감, 자신감, 생소함, 정겹다, 감격하다, 분주하다
초대와 방문	초대, 모임, 약속, 전화를 걸다, 문자를 보내다, 집들이, 휴지, 세제, 맞이하다, 차리다, 대접하다, 돌잔치, 돌잡이, 금반지, 회갑연, 환갑잔치, 고희연, 칠순잔치, 결혼식, 신랑, 신부, 주례, 하객, 축의금, 피로연, 폐백, 축가, 장례식, 빈소, 고인, 영정, 조문객, 상주, 조문하다, 조의금, 별세하다, 상을 당하다, 치르다, 장래를 추측하다, 장수를 기원하다, 동아리, 동호회, 동창회, 송별회, 송년회, 야유회
국경일과 특별한 날	3 · 1절(3월 1일), 제헌절(7월 17일), 광복절(8월 15일), 개천절(10월 3일), 한글날(10월 9일), 어린이날(5월 5일), 어버이날(5월 8일), 스승의 날(5월 15일), 석가탄신일(음력 4월 8일), 크리스마스(12월 25일)

명절	설날(음력 1월1일), 추석(음력 8월 15일), 한식(양력 4월 5일경), 단오(음력 5월 5일), 정월 대보름(음력 1월 15일), 동지(양력 12월 22일경), 친척, 안부, 성묘, 차례, 윷놀이, 제기차기, 연날리기, 세배를 하다, 떡국, 송편을 빚다, 보름달, 소원을 빌다, 덕담, 조상, 한가위, 부럼, 팥죽, 기원하다, 햇곡식, 햇과일, 풍습, 연휴, 넉넉하다, 풍성하다, 붐비다, 설빔, 세뱃돈
인터넷과 스마트폰	검색하다, 댓글을 남기다(쓰다), 스마트폰, 동영상, 영상 통화, 문자, 간편하다, 홈페이지, 개통하다, 접속하다, 중독, 소통하다, 신속하다, 의존도, 보편화, 단절되다, 개인 정보 유출, 사생활 노출, 활용하다, 인공 지능(AI), 자율 주행 자동차, 가상현실(VR), 사물 인터넷(IoT), 조종하다, 수집하다, 분석하다, 지능형, 응답, 제어, 작동, 발전, 개발, 비중, 비율, 전송하다, 입력하다, 악용되다, 익명성
건강	내과, 이비인후과, 정형외과, 안과, 치과, 쉬다, 건강 보험, 해열제, 두통약, 소화제, 식전, 식후, 보건소, 건강 검진, 예방 주사, 건강 진단서, 처방전, 규칙적, 안색, 기운, 입맛, 어지럽다, 몸살, 불면증, 환자, 병문안, 만성피로, 우울증, 고혈압, 당뇨, 춘곤증, 고열, 근육통, 독감, 몸이 나른하다, 졸음이 오다, 집중력이 떨어지다, 스트레칭하다, 붓다, 무리하다, 전염되다, 급성, 성인병, 저하되다, 무기력하다, 시달리다, 증상, 피부병, 응급실, 불치병, 시력 약화, 과로하다
고민과 상담	공감대, 거절하다, 솔직하다, 사귀다, 관심, 사이가 좋다, 말다툼, 다투다, 예의를 지키다, 위로, 원만하다, 어색하다, 성격이 안 맞다, 제자리걸음, 두렵다, 되풀이하다, 머리가 복잡하다, 신경이 쓰이다, 속이 타다, 골치가 아프다, 막막하다, 고민을 털어놓다, 조언을 구하다, 겁이 나다, 적성에 맞다, 우려하다, 배려, 시달리다, 고난을 이기다, 극복하다, 갈등을 겪다
교환과 환불	사이즈, 작다, 크다, 색상, 헐렁하다, 끼다, 얼룩, 마음에 안 들다, 교환하다, 환불하다, 고객 센터, 문의, 소비자 상담 센터, 치수, 택배비, 개봉하다, 훼손하다, 구입하다, 신선식품, 냉동식품, 파손, 수선하다, 증정품, 반납하다
경제	소비자, 입금하다, 출금하다, 환전하다, 송금하다, 신용카드, 체크카드, 현금 자동 인출기(ATM), 공과금을 납부하다, 금융, 예금, 보험, 등기, 지출, 경조사비, 식비, 통신비, 교육비, 의료비, 문화생활비, 가계부, 결제하다, 포인트, 쿠폰, 적립하다, 충동구매, 난방비, 전시 상품, 이월 상품, 합리적이다, 비용이 들다, 부담스럽다, 줄이다, 공동 구매, 벼룩시장, 재테크, 수익, 물가, 상승하다, 하락하다, 실업률, 증가하다, 감소하다, 경기, 호황, 불황, 환율, 오르다, 내리다, 인상, 변동, 급등, 수요, 공급, 침체, 금융실명제, 비수기, 성수기, 폭락, 폭등, 매출
주거 환경	편리하다, 익숙하다, 깨끗하다, 조용하다, 복잡하다, 한적하다, 공기가 맑다, 경치가 좋다, 빌딩 숲, 산업 단지, 안전하다, 소음이 심하다, 공기가 탁하다, 편의 시설, 문화 시설, 논, 밭, 풍경, 자연 경관
공공기관과 복지	구청, 행정복지센터(주민 센터), 전입 신고, 출생 신고, 혼인 신고, 증명서, 영주권, 국적 취득, 귀화, 신청서(신고서), 외국인등록증, 재발급, 체류지, 체류 기간 연장, 체류 자격 변경, 유효 기간, 서명, 서류, 작성하다, 번역하다, 출력하다, 복사하다, 통역하다, 사회 보험, 공공부조

문화생활	신청하다, 개최하다, 행사, 축제, 체험, 문의, 주최, 후원, 게시판, 회원, 대회, 참여하다, 가입하다, 선착순, 공연, 연극, 연주, 영화, 사물놀이, 전시회, 콘서트, 예약, 예매, 좌석, 관람하다, 감상 소감, 안내 방송, 입장하다, 참석하다, 유의 사항
고장과 수리	고장(이) 나다, 하수구가 막히다, 물이 새다, 전등이 나가다, 문이 잠기다, 냉동이 안 되다, 액정이 깨지다, 전원이 안 켜지다, 인터넷 연결이 안 되다, 서비스 센터에 문의하다, 출장 서비스를 신청하다, 서비스 센터에 방문하다, 고치다, 수리하다, 무상 수리, 떨어뜨리다, 점검하다, 플러그를 뽑다, 플러그를 꽂다, 밸브를 열다, 밸브를 잠그다
취업과 직장 생활	이직, 상사, 후배, 업무, 지시, 임금 체불, 산업 재해, 근무 조건, 결재, 구직, 창업, 정보를 얻다, 교류, 고충, 시간제, 사업하다, 전문성, 근무 환경, 월급, 구인 광고, 이력서, 자기소개서, 지원서, 제출하다, 필기시험, 면접, 분야, 인원, 경력, 직종, 급여, 수당, 지원, 사본, 자격증, 승진, 기회를 잡다, 동기, 유창하다, 인력, 파견하다, 일손, 기회, 차별 대우를 당하다, 자기 개발, 열정을 쏟다
부동산	주택, 아파트, 오피스텔, 빌라, 원룸, 기숙사, 매매, 전세, 월세, 편의 시설, 산책로, 전망, 햇빛, 내부, 환경, 형태, 선호하다, 테라스, 층간 소음, 등기부 등본, 부동산 중개인(공인중개사), 신축, 역세권, 잔금, 특약 사항, 풀 옵션, 셰어 하우스, 입주자
문화유산	문화유산, 자연유산, 무형유산, 기록유산, 문화재, 유적지, 유물, 궁궐, 사찰, 제사, 무덤, 화산섬, 성곽, 우수성, 인정받다, 탐방하다, 지정하다, 보존하다, 전승하다, 가치, 조상, 후손, 물려주다
사건과 사고	넘어지다, 미끄러지다, 빠지다, 떨어지다, 치이다, 베이다, 데다, 부러지다, 찢어지다, 깁스, 목발을 짚다, 꿰매다, 지연되다, 화상을 입다, 부딪히다, 가해자, 피해자, 부상자, 사망자, 피의자, 용의자, 합의하다, 검거, 취객, 사기, 살인, 강간, 절도, 방화, 폭행, 강도, 뺑소니, 체포하다, 혐의, 수사
교육 제도	입학, 방학, 졸업, 국립, 공립, 자율, 공교육, 사교육, 보충하다, 교육열, 주입식, 암기, 창의 교육, 인성 교육, 경쟁, 치열하다, 입시, 대학 수학 능력 시험(수능), 수시, 정시, 진학률, 의무 교육, 무상 교육, 평생교육
선거와 투표	선거, 대선, 총선, 지방 선거, 대통령, 국회의원, 선거 운동, 후보자, 공약, 선거 포스터, 지지하다, 유권자, 투표소, 기표소, 투표함, 개표하다, 지지율, 득표율, 당선되다, 훌륭하다, 존경하다, 정치인, 참여, 권리, 의무, 투표권, 사전 투표, 도덕성, 소통 능력, 판단력, 추진력, 행정 경험, 전문성, 리더십, 민주적, 자질, 압도적, 보통 선거, 평등 선거, 직접 선거, 비밀 선거, 진보, 보수
환경오염	대기오염, 수질오염, 토양오염, 농약, 배기가스, 차량 2부제, 대체 에너지, 쓰레기 종량제, 일회용품, 생활하수, 친환경 세제, 지구 온난화, 이상 기후, 멸종하다
법과 질서	질서를 지키다, 범죄를 저지르다, 위반하다, 처벌, 불법, 신고 전화, 무단, 범법, 경범죄, 금지, 불법 투기, 단속, 음주 소란, 시민 의식

10. 연결 어휘(접속사)

구분	설명	예문
그리고	앞뒤의 문장을 연결할 때 사용한다.	• 테이블 위에는 꽃과 반지 그리고 편지가 놓여 있었다. • 밥을 먹었다. 그리고 이를 닦았다.
그러나	앞뒤 문장의 내용이 상반될 때 사용한다.	• 4월이 되었어요. 그러나 날씨는 여전히 추워요. • 오늘은 하늘이 매우 맑습니다. 그러나 내일부터는 비가 내리기 시작하겠습니다.
그렇지만		• 나는 너를 사랑한다. 그렇지만 우리는 헤어져야만 한다. • 오늘 수영장은 공사로 인해 이용할 수 없습니다. 그렇지만 헬스장은 이용할 수 있습니다.
하지만		• 나는 빵을 좋아해. 하지만 동생은 빵을 싫어해. • 이 가방은 예뻐요. 하지만 너무 비싸서 살 수 없어요.
그래서	앞 문장의 내용이 뒤에 나오는 문장의 원인이나 근거, 조건이 될 때 사용한다.	• 어제는 아주 아팠어. 그래서 결석했어. • 피아노 연습을 열심히 했습니다. 그래서 대회에서 상을 받았습니다.
그러므로		• 나는 생각한다. 그러므로 존재한다. • 오늘은 비가 온다. 그러므로 오늘 등산은 다음 주로 미루겠다.
따라서		• 다음 주부터 장마가 시작될 예정입니다. 따라서 날이 무척 습해질 것으로 예상합니다. • 산사태가 발생하면 여러 시설이 심각한 손상을 입을 수 있습니다. 따라서 철저한 대비가 필요합니다.
그런데	❶ 이야기의 주제를 앞의 내용과 관련시키면서 다른 방향으로 이끌어 나갈 때 사용한다. ❷ 앞뒤 문장의 내용이 상반될 때 사용한다.	• 그렇군요. 그런데 왜 그때는 말을 안 했어요? • 같은 반 친구들은 벌써 숙제하고 나갔다. 그런데 나는 아직도 숙제가 많이 남아서 놀 수가 없다.

11. 기본 부사

같이, 거의, 결국, 계속, 곧, 꼭, 끊임없이, 너무, 다시, 다행히, 또한, 드디어, 마침내, 많이, 매일, 먼저, 미처, 빨리, 수시로, 아주, 앞서, 엄청, 열심히, 오래, 일찍, 자주, 잠깐, 정말, 제일, 조금, 참, 천천히, 특히, 함부로, 함께, 항상, 혹시, 혼자

12. 기본 동사

기본 동사	현재	과거	미래
가다	가요	갔어요	갈 거예요
가르치다	가르쳐요	가르쳤어요	가르칠 거예요
갈아타다	갈아타요	갈아탔어요	갈아탈 거예요
공부하다	공부해요	공부했어요	공부할 거예요
기다리다	기다려요	기다렸어요	기다릴 거예요
내려가다	내려가요	내려갔어요	내려갈 거예요
내리다	내려요	내렸어요	내릴 거예요
다니다	다녀요	다녔어요	다닐 거예요
닫다	닫아요	닫았어요	닫을 거예요
돕다	도와요	도왔어요	도울 거예요
듣다	들어요	들었어요	들을 거예요
마시다	마셔요	마셨어요	마실 거예요
만나다	만나요	만났어요	만날 거예요
만들다	만들어요	만들었어요	만들 거예요
먹다	먹어요	먹었어요	먹을 거예요
배우다	배워요	배웠어요	배울 거예요
보다	봐요	봤어요	볼 거예요
사다	사요	샀어요	살 거예요
사랑하다	사랑해요	사랑했어요	사랑할 거예요
싫어하다	싫어해요	싫어했어요	싫어할 거예요
쓰다	써요	썼어요	쓸 거예요
앉다	앉아요	앉았어요	앉을 거예요
열다	열어요	열었어요	열 거예요
오다	와요	왔어요	올 거예요

일하다	일해요	일했어요	일할 거예요
읽다	읽어요	읽었어요	읽을 거예요
입다	입어요	입었어요	입을 거예요
자다	자요	잤어요	잘 거예요
좋아하다	좋아해요	좋아했어요	좋아할 거예요
하다	해요	했어요	할 거예요

13. 기본 형용사

기본 형용사	현재	과거	미래
가깝다	가까워요	가까웠어요	가까울 거예요
가볍다	가벼워요	가벼웠어요	가벼울 거예요
기쁘다	기뻐요	기뻤어요	기쁠 거예요
길다	길어요	길었어요	길 거예요
깨끗하다	깨끗해요	깨끗했어요	깨끗할 거예요
끝나다	끝나요	끝났어요	끝날 거예요
나쁘다	나빠요	나빴어요	나쁠 거예요
느리다	느려요	느렸어요	느릴 거예요
더럽다	더러워요	더러웠어요	더러울 거예요
덥다	더워요	더웠어요	더울 거예요
맛있다	맛있어요	맛있었어요	맛있을 거예요
멀다	멀어요	멀었어요	멀 거예요
무겁다	무거워요	무거웠어요	무거울 거예요
바쁘다	바빠요	바빴어요	바쁠 거예요
배고프다	배고파요	배고팠어요	배고플 거예요
복잡하다	복잡해요	복잡했어요	복잡할 거예요
부족하다	부족해요	부족했어요	부족할 거예요
불편하다	불편해요	불편했어요	불편할 거예요
비싸다	비싸요	비쌌어요	비쌀 거예요
빠르다	빨라요	빨랐어요	빠를 거예요
싸다	싸요	쌌어요	쌀 거예요
예쁘다	예뻐요	예뻤어요	예쁠 거예요

작다	작아요	작았어요	작을 거예요
재미있다	재미있어요	재미있었어요	재미있을 거예요
조용하다	조용해요	조용했어요	조용할 거예요
좋다	좋아요	좋았어요	좋을 거예요
춥다	추워요	추웠어요	추울 거예요
충분하다	충분해요	충분했어요	충분할 거예요
크다	커요	컸어요	클 거예요
한적하다	한적해요	한적했어요	한적할 거예요

14. 반의어

동사			형용사		
가다	↔	오다	가깝다	↔	멀다
가르치다	↔	배우다	가볍다	↔	무겁다
늘다	↔	줄다	기쁘다	↔	슬프다
돈을 넣다 (입금하다)	↔	돈을 찾다 (출금하다)	길다	↔	짧다
듣다	↔	말하다	깨끗하다	↔	더럽다
들어가다	↔	나가다	넓다	↔	좁다
만나다	↔	헤어지다	높다	↔	낮다
받다	↔	주다 (드리다) (보내다)	덥다	↔	춥다
사다	↔	팔다	많다	↔	적다
살다	↔	죽다	맑다	↔	흐리다
살리다	↔	죽이다	맛있다	↔	맛없다
서다	↔	앉다	밝다	↔	어둡다
시작하다	↔	끝나다	배고프다	↔	배부르다
알다	↔	모르다	빠르다	↔	느리다
열다	↔	닫다	상승하다	↔	하락하다
열리다	↔	닫히다	쉽다	↔	어렵다
올라가다	↔	내려가다	싸다	↔	비싸다

웃다	↔	울다	재미있다	↔	재미없다
일어나다	↔	자다	조용하다	↔	시끄럽다
입학하다	↔	졸업하다	좋다	↔	나쁘다
좋아하다	↔	싫어하다	충분하다	↔	부족하다
증가하다	↔	감소하다	크다	↔	작다
찾다	↔	잃어버리다	편하다	↔	불편하다
출발하다	↔	도착하다	한가하다	↔	바쁘다
켜다	↔	끄다	한적하다	↔	복잡하다

15. 속담, 사자성어, 관용어

1) 속담

둘이 먹다가 하나가 죽어도 모르겠다	음식이 아주 맛있다는 의미이다.
고생 끝에 낙이 온다	어려운 일을 겪고 난 뒤에는 반드시 좋은 일이 생긴다는 의미이다.
말이 씨가 된다	말(言)이 중요하다는 의미이다.
말 한마디에 천 냥 빚도 갚는다	
가는 말이 고와야 오는 말이 곱다	
발 없는 말이 천 리 간다	말(言)을 조심해서 하라는 의미이다.
호랑이도 제 말 하면 온다	
낮말은 새가 듣고 밤말은 쥐가 듣는다	
입은 삐뚤어져도 말은 바로 해라	어떤 상황에서든지 말(言)은 언제나 바르게 하고 가려서 해야 한다는 의미이다.
같은 말이라도 아 다르고 어 다르다	
허리띠를 졸라매다	배고픔을 참고 절약한다는 의미이다.

2) 사자성어

고진감래(苦盡甘來)	고생 끝에 즐거움이 온다.
동문서답(東問西答)	질문과 답이 서로 맞지 않는 엉뚱한 대답을 하다.
일석이조(一石二鳥)	동시에 두 가지 이상의 이득을 본다.
천만다행(千萬多幸)	엉킨 일들이 잘 풀려 매우 다행이다.
자유분방(自由奔放)	격식이나 관습에 얽매이지 않고 행동이 자유롭다.
과유불급(過猶不及)	정도를 지나침은 미치지 못함과 같다.

3) 관용어

눈 깜짝할 사이	매우 짧은 순간을 말한다.
눈앞이 캄캄하다	어찌할 줄 몰라 정신이 흐려질 때를 말한다.
발을 뻗고(펴고) 자다	어떤 일에서 벗어나 마음 놓고 편히 잘 때를 말한다.
속이 타다	걱정되고 불안할 때를 말한다.
마음을 먹다	무엇을 하려고 마음속으로 결심할 때를 말한다.
마음에 들다	무엇이 사람의 마음이나 감정에 좋게 여겨지는 모습을 말한다.
마음에 있다	무엇을 하거나 가지고 싶은 생각이 있는 모습을 말한다.
문을 닫다	경영하던 일을 그만두는 상황이나 다른 대상과 교류하지 않는 모습을 말한다.
시간 가는 줄 모르다	어떤 일에 집중하거나 바쁘게 지내서 시간이 어떻게 지났는지 알지 못할 때를 말한다.
골치가 아프다	일이나 상황을 해결하기가 귀찮거나 어려울 때를 말한다.
발 벗고 나서다	적극적으로 도와줄 때를 말한다.
발 디딜 틈이 없다	사람이 많아 복잡하고 혼잡할 때를 말한다.
발길이 뜸하다	자주 있던 소식이 한동안 없을 때를 말한다.
미역국을 먹다	시험에 떨어졌을 때를 말한다.

제2장

한국 문화

1. 대한민국 개관

1) **대한민국을 상징하는 네 가지:** 태극기, 무궁화, 한글, 애국가

2) **대한민국의 공식 문자:** 한글(1443년 창제)

2. 국가 기관의 구성

1) **행정부:** 행정을 맡아보는 국가 기관입니다. 행정부의 최고 책임자는 대통령이며, 대통령은 한국을 대표하는 지도자로, 선거로 선출됩니다. 임기는 5년이고, 중임은 불가능합니다.

2) **입법부:** 법을 만드는 국가 기관입니다. 한국에서는 국회가 입법부의 역할을 하며 국민의 의견을 반영하여 법을 만들고, 국가 재정에 관련된 역할을 합니다.

3) **사법부:** 법을 해석하고 판단하여 적용하는 국가 기관입니다. 한국에서는 법원이 사법부의 역할을 하며 대법원, 고등법원, 가정법원 등이 있습니다.

3. 교육제도

1) **초등교육기관:** 초등학교[6년, 입학은 만 6세(8세)가 된 날이 속하는 해의 다음 해에 가능하며 집(주소지)에서 가까운 곳으로 행정복지센터(주민 센터)에서 자동 배정]

2) **중등교육기관:** 중학교(3년), 고등학교(3년)

3) **고등교육기관:** 대학교(2~4년), 대학원(약 2년)

---

1 대한민국은 한글과 함께 알파벳을 공식 문자로 사용하고 있다. (○ , ×)

2 한국에서는 □□이/가 법을 만드는 역할을 한다.

3 고등학교는 고등교육기관에 해당한다. (○ , ×)

정답 1 × 2 국회 3 ×

4) 매년 3월에 새 학년이 시작되며, 한 학년은 두 개의 학기로 되어 있습니다. 1학기는 3월에, 2학기는 8월이나 9월에 시작합니다.

5) 학기와 학기 사이에는 여름 방학과 겨울 방학이 있습니다.

6) 초등학교와 중학교는 의무 교육으로, 취학 연령의 대한민국 국민이라면 반드시 초등학교와 중학교 교육을 받아야 합니다.

4. 한국의 선거

명칭	대선	총선거	지방 선거
투표 대상	대통령	국회의원	지방자치단체장, 지방의회의원
시기	5년마다	4년마다	4년마다
연임	X	O(제한 없음)	O(지자체장의 연임은 3회까지)

1) 한국의 선거권은 만 18세 이상 대한민국 국민에게 부여됩니다.

2) 한국의 선거는 보통 선거, 평등 선거, 직접 선거, 비밀 선거가 있습니다.
  ① **보통 선거**: 만 18세가 되면 성별 · 재산 · 학력 · 권력 · 종교 등에 관계없이 누구나 선거에 참여할 수 있습니다.
  ② **평등 선거**: 성별 · 재산 · 학력 · 권력 · 종교 등의 조건에 관계없이 공평하게 한 표씩 투표합니다.
  ③ **직접 선거**: 국민들이 직접 투표하여 자신의 대표를 선출합니다.
  ④ **비밀 선거**: 투표한 사람이 어느 후보나 정당을 선택했는지 알지 못하게 합니다.

3) 외국인의 선거
  ① **대선 · 총선**: 대통령이나 국회의원, 즉 국가를 대표하는 사람을 뽑는 선거로 이는 한국 국적을 가진 사람에게만 선거권이 주어집니다.
  ② **지방 선거**: 영주권을 얻은 지 3년이 경과한 만 18세 이상의 외국인은 대한민국의 국민이 아니더라도 선거권이 주어집니다. 다문화 가정과 이민자가 늘고 있기 때문에 영주권자에게도 지역의 일꾼을 뽑는 선거권을 부여합니다.

---

4 한국의 대통령은 세 번까지 연속해서 할 수 있다. (○ , ×)

5 평등 선거는 성별 · 재산 · 학력 · 권력 · 종교 등의 조건에 관계없이 공평하게 한 표씩 투표하는 방식이다. (○ , ×)

정답 4 × 5 ○

5. 한국의 경제 성장과 한강의 기적

1) 대한민국이 경제 성장(한강의 기적)을 이룰 수 있었던 원인: 가난을 이겨내야겠다는 국민들의 의지와 잘 살아보겠다는 노력, 그리고 우수한 노동력과 높은 교육열 덕분입니다.

2) 2024년 기준으로 한국의 1인당 국민총소득은 36,132달러를 돌파했습니다.

3) 1960년대 이전 농업, 어업, 임업 → 1960년대 경공업 → 1970~1980년대 중화학 공업, 철강, 자동차, 선박 → 1990년대 반도체, 휴대폰, 컴퓨터, 석유 제품 등 → 2000년대 관광, 방송 통신 등의 서비스업과 우주 기술, 정보 기술 등의 첨단 산업

6. 한국의 지리와 지역 정보

1) 기후: 봄, 여름, 가을, 겨울로 사계절이 뚜렷합니다.

2) 지형: '동고서저'의 형태로, 동쪽은 높고 서쪽은 낮은 형태입니다.

3) 지역별 특색

① **서울:** 대한민국의 수도로 대한민국 전체 인구의 약 5분의 1이 서울에 집중되어 있습니다.

② **경기:** 서울을 둘러싸고 있으며 인구 집중 문제를 해결하기 위해 분당, 일산, 군포 등에 신도시가 건설되었습니다. 서비스업, 공업, 농업 등 여러 종류의 산업이 골고루 발달했으며 교통이 편리하고 주변에 인구가 많아서 우수한 기술자와 노동력을 구하기 쉽습니다.

③ **인천:** 서울과 경기도의 서쪽 해안에 자리 잡고 있습니다. 한국을 대표하는 항구와 인천국제공항이 있어 국가 간 교류의 중심 도시 역할을 하고 있습니다.

④ **충청:** 수도권과 전라도, 경상도, 강원도를 이어주는 역할을 합니다. 대전광역시와 국토의 균형 있는 발전을 위한 세종특별자치시가 있습니다.

⑤ **강원:** 설악산, 오대산 등과 같은 아름다운 산과 경포대 등 많은 해수욕장이 있으며 기후가 좋습니다. 관광 산업이 발달하여 도시별로 다양한 축제를 합니다.

---

6 대한민국의 국민이 아닌 외국인은 어떠한 경우에도 투표를 할 수 없다. (○ , ×)

7 국민들이 가난을 이겨내야겠다는 의지와 잘 살아보겠다는 노력, 그리고 우수한 노동력과 높은 교육열로 경제 성장을 이루어 낸 것을 □□의 기적이라 한다.

8 2024년 기준 한국의 1인당 국민총소득은 50,000달러를 돌파했다. (○ , ×)

9 대한민국 전체 인구의 약 5분의 1이 경기도에 집중되어 있다. (○ , ×)

정답 6 × 7 한강 8 × 9 ×

⑥ 경상: 포항제철소, 울산조선소 등이 자리 잡고 있으며 전자, 철강, 조선, 자동차 등 큰 규모의 공업 단지가 있습니다.

⑦ 전라: 서해안의 중심지로서, 농업 및 문화 예술과 관련된 전통이 깊으며 이와 관련된 산업이 발달했습니다.

⑧ 제주: 섬 전체가 화산 지형으로 이루어져 있습니다. 제주화산섬과 용암동굴은 유네스코 세계자연유산으로 등재되어 있습니다.

7. 대한민국의 민주주의

1) 4 · 19 혁명: 1960년 3월 15일 총선거에서 이승만 정권이 개표를 조작한 것에 반발하여 일으킨 시위입니다.

2) 5 · 18 민주화 운동: 1980년 5월 18일 군인들이 정치에서 물러날 것과 민주정부를 수립할 것 등을 요구한 시위입니다.

3) 6월 민주 항쟁: 1987년 6월 대통령 직선제 등의 민주화를 주장한 시위입니다.

8. 법과 질서

1) 생활 속 법률(경범죄): 무단횡단, 주 · 정차 위반, 신호 위반, 쓰레기 무단 투기, 음주소란, 무단출입, 노상방뇨 등의 행위를 저지르면 벌금을 냅니다.

2) 생활 속 질서(공공 예절)
① 버스 정류장에서 담배를 피우지 않습니다.
② 에스컬레이터나 엘리베이터에서 뛰지 않습니다.
③ 반려동물을 데리고 나올 때는 목줄을 착용하도록 합니다.
④ 공중화장실에서는 한 줄로 서서 기다려야 합니다.
⑤ 대중교통을 탈 때 큰 소리로 떠들거나 통화하는 것은 자제하고, 음식물을 먹지 않습니다.

---

10 한국은 군인들이 정치에서 물러날 것과 민주 정부 수립을 요구하는 대규모 시위가 일어난 적이 있다.

(○ , ×)

정답　10 ○

9. 국경일

1) **3·1절(3월 1일):** 대한민국이 일본의 식민 통치에 맞서, 독립선언서를 발표하여 한국의 독립 의사를 세계에 알린 날을 기념하는 국경일입니다.

2) **제헌절(7월 17일):** 대한민국 헌법을 제정하고 공포한 것을 기념하는 국경일입니다.

3) **광복절(8월 15일):** 일본에 빼앗겼던 대한민국의 주권을 다시 찾은 날을 기념하고 대한민국 정부 수립을 축하하는 국경일입니다.

4) **개천절(10월 3일):** 단군이 최초의 민족 국가인 조선을 건국했음을 기리는 뜻으로 제정된 국경일입니다.

5) **한글날(10월 9일):** 세종대왕이 훈민정음(한글)을 만들어서 세상에 펴낸 것을 기념하고, 한글의 우수성을 기리기 위한 국경일입니다.

10. 명절

구분	설	추석	단오	한식
의미	새해의 안녕과 건강을 기원하는 날	한 해의 농사가 무사히 끝난 것을 조상님께 감사드리는 날	모내기를 끝내고 풍년을 기원하는 날	일정 기간 불을 사용하지 않고 찬 음식을 먹는 고대 중국의 풍습에서 유래된 명절
시기	음력 1월 1일	음력 8월 15일	음력 5월 5일	동지 후 105일째 되는 날
음식	떡국	송편, 토란국	수리취떡, 쑥떡, 망개떡, 앵두화채	쑥(쑥떡), 진달래(화전), 오미자(창면, 화면)
풍습	설빔, 차례, 세배, 복조리	차례, 벌초, 성묘	창포물에 머리감기, 대추나무 시집 보내기	차례, 성묘, 찬 음식 먹기
놀이	윷놀이, 널뛰기, 연날리기	강강술래, 줄다리기, 씨름	그네뛰기, 씨름, 탈춤, 사자춤, 가면극	제기차기, 그네뛰기

11 대한민국 헌법을 제정하고 공포한 것을 기념하는 국경일을 □□□(이)라고 한다.

12 10월 9일은 한글이 만들어져 세상에 널리 알린 것을 기념하는 날이다. (○ , ×)

정답 11 제헌절 12 ○

1) 설

① 음력 1월 1일이며 1년 중 가장 큰 명절입니다.

② 조상님께 차례를 지내고 웃어른께 세배를 합니다.

③ 설의 대표적인 음식에는 떡국이 있습니다.

④ 전통 놀이로 윷놀이, 연날리기 등을 즐깁니다.

2) 추석

① 한가위라고도 합니다.

② 음력 8월 15일입니다.

③ 햇곡식과 햇과일로 차례를 지내고 성묘도 합니다. 그리고 추석 전 조상님의 묘를 찾아가 풀도 벱니다(벌초).

④ 추석의 대표적인 음식에는 송편이 있습니다.

⑤ 전통 놀이로 달맞이, 강강술래 등을 즐깁니다.

3) 정월 대보름

① 음력 1월 15일입니다.

② 정월 대보름에는 오곡밥과 나물을 먹으며, 호두 · 밤 · 땅콩 등을 딱 소리가 나게 깨어 먹는 '부럼 깨물기'를 합니다.

③ 전통 놀이로 달맞이, 쥐불놀이 등을 즐깁니다.

---

13 한국에서는 음력 1월 1일에 떡국을 먹으며 새해의 안녕과 건강을 기원한다. (○ , ×)

14 추석에는 보통 콩국수를 먹는다. (○ , ×)

11. 한국의 도시와 농촌

1) 도시의 특징
　① 장점: 생활이 편리하고 교통수단과 편의 시설이 발달했습니다.
　② 단점: 주택이 부족하고 교통이 혼잡하며, 환경오염 문제가 발생하고 있습니다.

2) 농촌의 특징
　① 장점: 주민 간 관계가 친밀합니다.
　② 단점: 노동력이 부족하고 대중교통이나 의료·문화 시설이 부족한 편입니다.

12. 한국의 주거 문화

1) 단독 주택: 3층 이하의 다가구 주택을 포함한 가구를 말합니다.

2) 공동 주택: 연립 주택과 5층 이상의 아파트를 포함한 가구를 말합니다.

3) 과거는 단독 주택이 대부분이었으나 현재는 아파트에 사는 가구 수가 많습니다.

4) 한국의 주거 방식
　① 자가, 전세, 월세로 나눌 수 있습니다.
　② 전세는 보증금으로 일정한 돈을 맡기고 계약하는 것을 말합니다.
　③ 월세는 매달 일정한 돈을 내고 집이나 방을 빌려 쓰는 것을 말합니다.
　④ 집을 계약할 때 등기부 등본을 확인하는 것이 필요합니다.
　⑤ 등기국이나 대법원 인터넷등기소에서 등기부 등본을 확인할 수 있습니다.

---

15 한국의 농촌은 대개 교통이 혼잡하고 주택이 부족하다는 단점이 있다. 　(○ , ×)

16 한국에서는 현재 아파트에 사는 가구 수가 많다. 　(○ , ×)

17 한국에서 주택을 □□(으)로 계약하기 위해서는 일정한 금액의 돈을 보증금으로 집주인에게 맡겨야 한다.

정답　15 ×　16 ○　17 전세

13. 한국의 전통 의식주

1) 한국의 전통 음식

① 한국의 주식은 밥입니다. 한국의 전통적인 밥상은 밥, 국, 반찬으로 구성됩니다.

② 발효 식품의 종류: 김치, 고추장, 된장, 젓갈 등이 있습니다.

2) 한옥의 특징

① 대한민국의 전통 가옥을 한옥이라 하며, 지붕을 만드는 재료에 따라 초가집, 기와집으로 나눕니다.

② 한옥에는 방을 따뜻하게 해 주는 온돌과 여름을 시원하게 보낼 수 있는 대청마루가 있습니다.

③ 집 앞에는 강이 있어 식수나 생활용수를 얻기 좋고, 집 뒤에는 산이 있어 바람을 막아주는 배산임수 지형을 선호합니다. 그리고 햇볕이 잘 들어오도록 남쪽을 바라보는 남향집을 좋은 집터로 봅니다.

14. 한국의 의례

1) 결혼식: 남녀가 정식으로 부부가 되는 의례입니다.

① 많은 사람 앞에서 부부가 됨을 서약하는 의식입니다.

② 혼인 신고를 해야 법적인 부부로 인정됩니다.

③ 초대 받은 사람은 축의금을 내고 식사를 하면서 결혼을 축하해 줍니다.

④ 결혼 후에는 양가 가족에게 폐백을 하고 신혼여행을 떠납니다.

2) 장례식: 죽은 사람에게 예를 갖추고 떠나보내는 의식입니다.

① 장례식장에서 유족은 문상객을 맞이하고, 문상객은 조의금을 준비합니다.

② 문상객은 죽은 사람에게 두 번, 유족에게 한 번 절을 합니다.

※ 결혼을 축하하는 뜻으로 준비한 돈이나 물품을 축의금이라 하며, 죽은 사람과 그 가족을 위로하기 위해 내는 돈이나 물품은 조의금(부의금)이라고 합니다.

---

18 김치, 고추장, 된장, 젓갈 등은 한국의 전통 음식 중 □□ □□에 해당한다.

19 한옥에는 겨울을 따뜻하게 보낼 수 있는 □□와/과 여름을 시원하게 보낼 수 있는 □□□□이/가 있습니다.

20 한국에서는 사람이 죽으면 유족을 위로하기 위해 축의금을 전달한다. (○ , ×)

정답　18 발효 식품　19 온돌, 대청마루　20 ×

3) 제사

① 조상이 돌아가신 날이나 명절에 조상을 추모하는 것을 말합니다.

② 제사상을 차려 두고 두 번 절한 후 음식을 가족과 나누어 먹습니다.

4) 돌잔치

① 태어나고 첫 번째 생일을 기념하는 잔치를 말합니다.

② 돌잡이 행사에서 아이의 장래를 예측합니다.

③ 돌잔치에 금반지를 선물하는 경우가 많은데 이는 건강하고 행복하게 잘 자라라는 의미를 담고 있습니다.

5) 환갑

① 61세가 되는 생일, 즉 60번째 생일을 말합니다.

② 요즘에는 평균 수명이 길어져서 대부분 70번째 생일에 칠순잔치를 합니다.

6) 기타 생일: 생일에는 가족이나 친구들이 함께 모여 식사를 하거나 미역국을 끓여 먹습니다.

15. 한국의 전통 가치와 연고

1) **효**: 부모뿐 아니라 웃어른을 공경하고 존중하는 마음을 말합니다.

2) **예절**: 몸과 마음을 바르게 하여 상대방을 존중하는 것을 말합니다.

3) **상부상조**: 함께 힘을 모아 마을의 어렵고 힘든 일을 해결하는 것을 말합니다.

4) **공동체 정신**: 한국에서는 농경 사회를 거치면서 개인보다 공동체를 중요하게 여깁니다.

5) **혈연**: 같은 성씨에 같은 가문의 사람을 말하며, 중요한 인연이라 여기는 경우가 많습니다.

6) **지연**: 고향이나 출신 지역에 따라 이어진 인연을 말하며, 지연으로 만들어진 대표적인 모임에는 향우회가 있습니다.

7) **학연**: 출신 학교에 따라 이어진 인연을 말합니다.

21 61세가 되는 생일을 환갑이라고 한다. (○ , ×)

22 한국에서는 부모를 공경하고 기쁘게 해 드리는 효를 중시한다. (○ , ×)

정답 21 ○ 22 ○

16. 가족 형태

1) 과거의 가족 형태: 예전에는 보통 자녀를 3~5명씩 낳았으며 장남이 부모님을 모시고 사는 경우가 많았습니다. 과거에는 할아버지 · 할머니, 아버지 · 어머니, 자녀 등의 여러 세대가 같은 집에 함께 사는 확대가족 형태의 가족이 많았습니다.

2) 현대의 가족 형태: 자녀를 적게 낳는 경우가 많고, 결혼 후 부모님을 모시고 사는 경우가 줄어들고 있습니다. 현대에는 부모와 미혼 자녀가 함께 사는 핵가족 형태의 가족이 많습니다.

3) 달라지는 가족 형태: 혼자 사는 1인 가구가 늘어났으며, 결혼을 하더라도 자녀 없이 결혼 생활을 하는 딩크족과 부부가 모두 직업을 가지고 일을 하는 맞벌이 부부도 늘고 있습니다.

---

23 현대 한국의 가족 형태는 부모와 미혼 자녀가 함께 사는 □□□ 형태의 가족이 많다.

정답 23 핵가족

4) 가족 관계

① 시댁(시가, 시집) 호칭

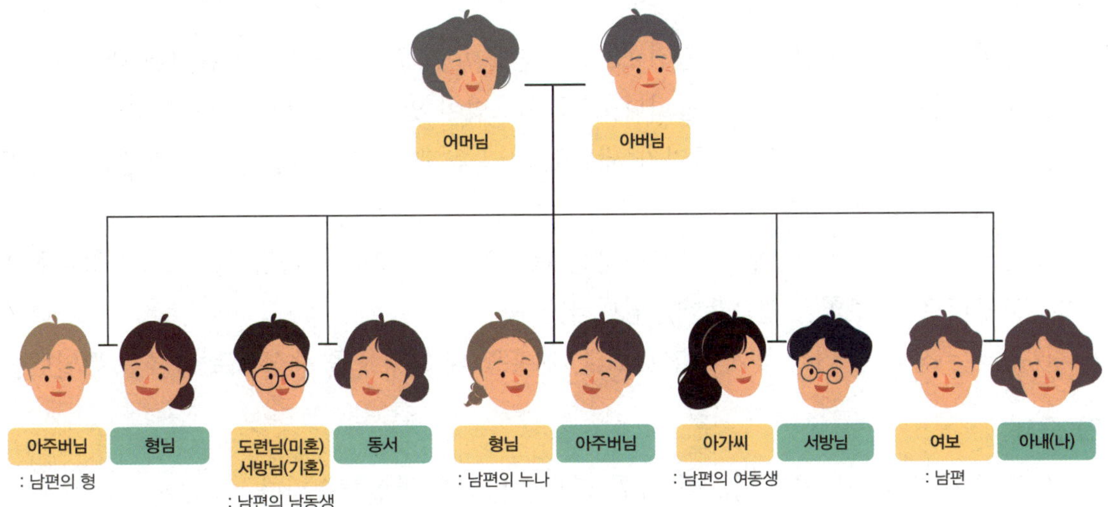

② 처가댁(처가, 처갓집) 호칭

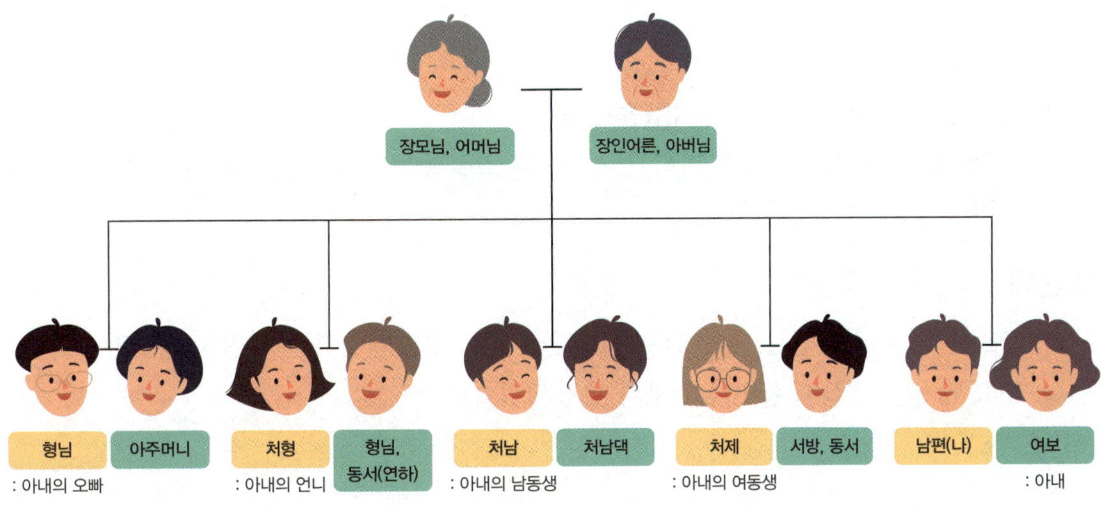

---

24 아내의 아버지는 '장모어른'이라고 불러야 한다.　　　　　　(○ , ×)

25 남편의 형은 '도련님'이라고 불러야 한다.　　　　　　　　(○ , ×)

정답　24 ×　25 ×

17. 한국의 역사

1) 고대

① 대한민국 최초의 국가는 기원전 2333년 단군이 세운 고조선이며, 관련된 내용은 ≪삼국유사≫라는 책에 기록되어 있습니다. 또한 8조법이 있었던 것으로 전해집니다.

② 고조선 멸망 이후 수많은 국가가 세워졌고 그중 백제, 고구려, 신라가 경쟁을 하면서 삼국 시대가 성립했습니다.

③ 삼국 시대에 가장 먼저 발전한 나라는 백제입니다. 그리고 가장 영토를 크게 넓힌 나라는 고구려로 그 주역은 광개토대왕입니다.

④ 신라는 삼국 중 가장 늦게 발전했으나, 진흥왕 때 화랑도를 중심으로 삼국을 통일했습니다.

2) 중세

① 통일 신라가 붕괴되고 왕건이 세운 고려가 민족을 통일했습니다.

② 고려 때 만들어진, 세계에서 가장 오래된 금속 활자본은 ≪직지심체요절≫이며, 현재 프랑스 국립도서관에 보관되어 있습니다.

3) 근세

① 1392년 이성계가 조선을 건국했습니다.

② 조선 시대 왕조의 역사가 기록된 ≪조선왕조실록≫은 세계적으로 유례가 없는 오래되고 방대한 양의 역사서입니다.

4) 근대

① 1910년 일본에 국권을 빼앗겼다가 1945년 8월 15일 빼앗겼던 국권을 되찾았습니다.

② 1948년 8월 15일 대한민국 정부가 수립되었습니다.

18. 한국의 인물

1) 한국 화폐 속 위인들

① 천 원권의 이황, 오천 원권의 이이, 만 원권의 세종대왕, 오만 원권의 신사임당은 한국 역사에서 중요한 인물들입니다.

② 이황은 조선을 대표하는 학자이며 도산서원에서 제자를 교육하고 학문을 연구하는 데 일생을 바쳤습니다.

③ 이이는 조선을 대표하는 학자이며 십만양병설을 주장했고, 일본의 전쟁에 대비해야 한다고 했습니다. 이이는 오만 원권에 그려진 신사임당의 아들이기도 합니다.

④ 조선 시대에 가장 위대한 임금인 세종대왕은 한글을 만들고 과학 기술을 발전시킨 왕입니다.

⑤ 신사임당은 지폐에 실린 인물 중에서 유일한 여성 인물입니다. 뛰어난 글재주와 그림 솜씨를 갖춘 훌륭한 예술가입니다.

2) 전쟁을 승리로 이끈 인물들

① 을지문덕 장군은 중국 수나라가 고구려의 수도 평양을 공격했을 때, 살수(청천강)에서 침입을 막았습니다.

② 서희 장군은 거란족 장군과 대화로 전쟁을 막았습니다. 이는 역사상 가장 훌륭한 외교 활동으로 기록되어 있습니다.

③ 이순신 장군은 거북선을 만들어 일본과의 전쟁에서 크게 이기며 바다를 지킨 조선 시대의 장군입니다.

④ 광개토대왕은 주변 여러 나라와의 전투에서 크게 승리하여 영토를 확장한 고구려의 왕입니다. 광개토대왕이라는 호칭 역시 넓은 영토를 점령한 위대한 왕이라는 뜻입니다.

3) 한국의 위인들

① 유관순은 독립운동을 했던 대표적인 인물입니다. 1919년 3월 1일 일본에 항의하는 전국적인 독립운동이 벌어졌는데, 당시 학생이었던 유관순은 태극기를 흔들며 대한 독립 만세를 외치는 시위에서 큰 역할을 했습니다.

② 김구는 한국의 대표적인 독립운동가 중 한 명으로, 3·1 운동 이후 대한민국 임시 정부에서 독립운동을 이끌었습니다. 김구의 주도 아래에 수많은 독립운동이 이어지면서 1945년에 독립을 맞이했고 독립 이후에도 남북의 분단을 막기 위해 많은 노력을 기울였습니다.

③ 김대중 전 대통령은 남북정상회담을 개최했으며 한국인 최초로 노벨평화상을 수상했습니다.

④ 반기문은 한국의 외교부 장관을 거쳐서 2006년 한국인 최초로 제8대 유엔사무총장으로 선출되었습니다.

---

26 □□ □□은/는 고대 삼국 시대를 통일한 국가이다.

27 한국은 세계에서 가장 오래된 금속 활자본을 만들었다. (○ , ×)

28 □□□ 장군은 거북선을 만들어 일본과의 전쟁에서 크게 승리한 적이 있다.

29 한국의 지폐 앞면에는 모두 인물이 등장한다. (○ , ×)

30 □□□ 전 대통령은 한국에서 최초로 노벨평화상을 수상한 인물이다.

정답 26 통일 신라 27 ○ 28 이순신 29 ○ 30 김대중

19. 외국인의 권리와 의무

1) 외국인이 한국에 입국하기 위해서는 여권과 사증(비자)이 필요합니다.

2) 한국에 90일을 초과하여 체류할 경우에는 외국인등록을 해야 합니다.

3) 체류지 변경 후 전입일로부터 15일 이내에 체류지 변경 신고를 해야 합니다.

4) 외국인의 인권 보호와 행복한 생활을 위한 재한외국인처우기본법이 있습니다.

5) 외국인을 위해 다국어 전화 상담 서비스가 시행되고 있습니다.

6) 의료 혜택을 받을 수 없는 외국인을 위해 복지 정책의 일환으로 의료지원사업이 진행되고 있습니다.

20. 한국의 생활법률

1) 재산과 관련된 문제의 해결

① 돈을 거래할 때 차용증을 작성하는 것이 좋습니다.
② 부동산 계약을 할 때는 등기부 등본을 확인해야 하며 법률전문가의 도움을 받아 안전하게 거래하는 것이 좋습니다.

2) 가족과 관련된 문제의 해결

① 결혼을 하려면 만 18세 이상이 되어야 합니다.
② 미성년자가 결혼하려면 부모 또는 법적인 보호자의 동의가 필요합니다.
③ 법적으로 부부가 되기 위해서는 시청, 구청, 군청 등에 혼인 신고를 해야 합니다.
④ 이혼은 합의 이혼과 재판상 이혼이 있습니다. 합의 이혼은 부부 모두가 원하는 경우 가능하며, 미성년 자녀가 있을 경우 이혼숙려제도를 적용하게 됩니다. 재판상 이혼은 가정법원의 판결로 결정되며 이혼숙려제도 적용이 불가능하고, 이혼하는 데 원인을 제공한 자는 위자료를 지급해야 합니다.

---

31 한국에 □□일 넘게 체류하기 위해서는 외국인등록을 해야 한다.

32 한국에서 법적으로 부부가 되기 위해서는 시청, 구청, 군청 등에 □□ □□을/를 반드시 해야 한다.

33 이혼을 할 때, 이혼하는 데 원인을 제공한 사람은 □□□을/를 지급해야 한다.

정답　31 90　32 혼인 신고　33 위자료

21. 모임의 종류

1) 송년회: 연말에 한 해를 보내면서 갖는 모임입니다.

2) 송별회: 떠나는 사람을 보내기 전에 섭섭한 마음을 달래고 행운을 비는 뜻으로 갖는 모임입니다.

3) 시무식: 연초에 근무를 시작할 때 하는 의식입니다.

4) 종무식: 연말에 근무를 끝낼 때 하는 의식입니다.

5) 총회: 구성원 전체가 모여 어떤 일에 관하여 의논하는 모임입니다.

6) 회식: 모임이나 단체에 속한 사람들이 함께 식사를 하는 모임입니다.

7) 야유회: 친목을 위하여 야외에 나가서 노는 모임입니다.

8) 동호회: 같은 취미를 가지고 함께 즐기는 사람들의 모임입니다.

9) 동창회: 같은 학교를 졸업한 사람들의 모임입니다.

10) 반상회: 이웃 간에 어떤 사안을 공유하고 논의하는 모임입니다.

11) 부녀회: 한 마을이나 지역 사회 등에서 부녀자들이 친목을 도모하고 마을이나 단체의 일에 함께 대처하기 위하여 조직한 모임입니다.

12) 학부모회: 학교를 중심으로 학부모와 교사로 이루어진 모임입니다.

---

34 연말에 한 해를 보내면서 벌이는 모임을 송별회라고 한다. (○ , ×)

정답　34 ×

제2편

실전 모의고사

제1회 실전 모의고사

제2회 실전 모의고사

제3회 실전 모의고사

제4회 실전 모의고사

제5회 실전 모의고사

🕐 시험 시간: 60분(객관식 + 주관식) | 📝 정답 및 해설 p.171

01~02 다음 질문에 답하시오.

01 이것은 뭐예요?

① 가방
② 시계
③ 책상
④ 필통

02 다음 (   )에 들어갈 말로 알맞은 것은?

> 집에서 학교까지 버스(   ) 30분 정도 걸려요.

① 를
② 와
③ 로
④ 에

보기

가: 방에 컴퓨터가 <u>있어요</u>?
나: 아니요, (   ).

① 많아요　　　② 적어요　　　③ 좋아요　　　❹ 없어요

03

가: 내일 날씨가 <u>좋아요</u>?
나: 아니요, 날씨가 (   ).

① 많아요
② 쉬워요
③ 나빠요
④ 비싸요

04

가: 시장에 사과가 <u>싸요</u>?
나: 아니요, 사과가 (   ).

① 좋아요
② 비싸요
③ 예뻐요
④ 많아요

 다음 ( )에 들어갈 가장 알맞은 것을 고르시오.

05

열이 나면 (   )을/를 드세요.

① 해열제
② 두통약
③ 소화제
④ 소독약

06

고향에서 보낸 소포가 (   ) 도착하지 않아서 기다리고 있어요.

① 거의
② 이미
③ 아직
④ 벌써

07

가: 이번 명절에도 고향에 <u>내려갈 거예요</u>?
나: 아니요, 이번에는 부모님께서 (　　　　　).

① 내리실 거예요
② 보내실 거예요
③ 들어가실 거예요
④ 올라오실 거예요

08

가: 지금 사는 곳은 너무 <u>시끄러워서</u> 이사를 가려고 해요.
나: 그래요? 우리 집 근처로 오세요. 꽤 (　　　　　).

① 깨끗한 편이에요
② 복잡한 편이에요
③ 조용한 편이에요
④ 편리한 편이에요

 다음 (   )에 들어갈 가장 알맞은 것을 고르시오.

09

저는 (   )에 가서 건강 검진을 받았어요.

① 은행
② 보건소
③ 행정복지센터
④ 출입국 · 외국인청

10

고향에 계신 아버지가 아프셔서 하루 종일 (   ).

① 행복했어요
② 조용했어요
③ 피곤했어요
④ 우울했어요

11

편지봉투에 우표를 (   ).

① 찍으세요

② 보내세요

③ 붙이세요

④ 바꾸세요

한국 생활에 익숙해지니 (   )이 생겼습니다.

① 자신감

② 두려움

③ 외로움

④ 생소함

 다음 〈보기〉를 참고하여 밑줄 친 부분과 의미가 <u>비슷한</u> 것을 고르시오.

보기

가: 정원이 진짜 <u>예쁘네요</u>.

나: 네, 어머니께서 정원을 (　　　　　) 만드셨어요.

① 바쁘게　　　　② 맛있게　　　　❸ 아름답게　　　　④ 재미있게

13

가: 소중한 우리의 문화유산을 잘 보존하여 다음 세대에게 <u>물려줘야</u> 합니다.

나: 맞습니다. 우리는 다음 세대에게 역사적으로 가치가 있는 문화유산을 (　　　　　) 할 의무가 있습니다.

① 전승해야

② 지정해야

③ 탐방해야

④ 인정해야

14

가: 요즘 시력이 자꾸 <u>떨어지고</u> 있어요.

나: 스마트폰을 지나치게 많이 사용하면 시력이 (　　　　　) 수 있어요.

① 단절될

② 저하될

③ 악용될

④ 유출될

15

가: 이번 주말에 뭐 해요?

나: 친구하고 바다에서 (   ).

① 수영하세요

② 수영했어요

③ 수영할 거예요

④ 수영하지 마세요

16

가: 어디에 가요?

나: 돈을 (   ) 은행에 가요.

① 환전하러

② 환전해도

③ 환전해야

④ 환전하면

17

① 힘들면
② 힘든데
③ 힘들수록
④ 힘든 다음에

18

① 봐서
② 볼 때
③ 보기 전에
④ 본 다음에

19

가: 왜 계단으로 올라가?

나: 지금 엘리베이터가 정기 점검 중이어서 (   ).

① 걸어가도 돼

② 걸어가면 돼

③ 걸어가야 돼

④ 걸어가게 돼

20

가: 비빔밥을 먹어 본 적이 있어요?

나: 네, 작년에 전주로 여행을 갔을 때 (   ).

① 먹어 봤어요

② 먹어도 돼요

③ 먹고 싶어 해요

④ 먹을 것 같아요

21

가: 피곤해요?

나: 네, 어제 야근을 해서 2시간(   ) 못 잤어요.

① 이나
② 밖에
③ 만큼
④ 치고

22

가: 김치찌개를 (   )?

나: 당연하지요. 김치만 있으면 쉽게 만들 수 있어요.

① 끓게 해요
② 끓이기로 해요
③ 끓일 줄 알아요
④ 끓일 수밖에 없어요

23 ① 제주도는 <u>살을 만한</u> 도시예요.

② 아이가 놀이공원에 <u>가자고 해서</u> 다녀왔어요.

③ 속이 안 좋아서 밥을 <u>먹는 대신에</u> 죽을 먹었어요.

④ 아무리 몸이 <u>아파도</u> 수업 시간에 결석한 적이 없어요.

24 ① 건너편에 빵집이 새로 <u>열릴게요</u>.

② 지금 퇴근 시간이라서 길이 많이 <u>막히네요</u>.

③ 친구와 통화 중이었는데 갑자기 전화가 <u>끊겼어요</u>.

④ 음악 소리가 너무 크니까 소리를 좀 <u>줄여</u> 주시겠어요?

25

가: 경주는 어떤 곳이에요?

나: 경주는 문화유산이 (   ) 다양한 전통문화도 체험해 볼 수 있는 곳이에요.

① 많더니

② 많을수록

③ 많은 대신에

④ 많을 뿐만 아니라

26

가: 보고서는 이번 주 수요일까지 제출해야 하는 거 알지요?

나: 이번 주 수요일이라고요? 저는 다음 주 수요일까지 (   ).

① 제출할 만해요

② 제출하곤 했어요

③ 제출하고 말았어요

④ 제출하는 줄 알았어요

27
① 생각하면 <u>할수록</u> 화가 나요.
② <u>청소하느라고</u> 전화를 못 받았어요.
③ 저는 지수가 요리를 <u>잘하는 줄 알았어요</u>.
④ 친구가 밥을 급하게 <u>먹었더니</u> 배탈이 났어요.

28
① 늦게 일어나서 <u>지각하고 말았다</u>.
② 횡단보도에서 사고를 <u>당할 뻔했다</u>.
③ 끊임없는 거짓말은 언젠가 <u>밝혀진 법이다</u>.
④ 갑자기 출장을 가게 돼서 수업에 <u>빠질 수밖에 없었다</u>.

29

> 누나는 기타를 좋아합니다. 그래서 요즘 주말마다 문화 센터에서 기타를 (㉠). 그리고 동생은 운동을 좋아합니다. 그래서 저녁마다 공원에서 운동을 합니다.

① 배웁니다
② 만납니다
③ 보냅니다
④ 좋습니다

30

> 다음 주 외국인 센터에서 외국인을 위한 한가위 대잔치를 개최합니다. 이번 행사에는 송편 만들기 체험, K-pop 댄스 대회, 한국어 퀴즈 등 다양한 프로그램이 준비되어 있습니다. 국내에 거주하는 외국인이면 누구나 참가할 수 있습니다. 참가를 원하는 사람들은 이번 주까지 외국인 센터 홈페이지에서 (㉠) 됩니다.

① 채용하시면
② 신청하시면
③ 소개하시면
④ 모집하시면

31

　　매달 마지막 주 수요일은 '문화가 있는 날'이다. 이날은 다른 날보다 저렴한 가격 또는 무료로 전시, 영화, 공연 등의 문화생활을 부담 없이 즐길 수 있다. 그래서 나는 이번 '문화가 있는 날'은 박물관에 가 볼 예정이다. 한국의 박물관은 전시뿐만 아니라 재미있는 행사도 많은데, 아직 경험해 본 적이 없어서 행사도 참여해 보고 싶다. 한국에서 새로운 문화생활을 경험하며 좋은 추억을 많이 (　　㉠　　).

① 하고 싶다

② 쌓고 싶다

③ 지우고 싶다

④ 기대하고 싶다

32

　　어제 백화점 세일 기간에 치마를 구입했습니다. 매장에서 치마를 입었을 때는 괜찮았는데 집에 와서 다시 입어 보니 사이즈가 작았습니다. 그래서 다음 날 영수증을 가지고 매장으로 가서 교환을 요청했습니다. 하지만 더 큰 사이즈의 제품이 없어서 바꿀 수 없었습니다. 결국, 교환 대신에 치마를 반품하고 (　　㉠　　)을/를 받았습니다.

① 결제

② 무상

③ 구입

④ 환불

저는 보통 오전 일곱 시에 일어나지만 주말에는 오전 아홉 시에 일어납니다. 토요일은 오전 아홉 시부터 열 시까지 청소와 빨래를 합니다. 그리고 오후에는 이주민 센터에 갑니다. 센터에서 오후 한 시부터 다섯 시까지 한국어를 배웁니다. 반면에 (㉠)은 오전에 일어나면 간단하게 식사를 합니다. 그리고 오후에는 보통 집에서 영화를 보거나 고향에 있는 가족과 영상 통화를 합니다.

33 ㉠이 가리키는 것은?

① 월요일

② 금요일

③ 토요일

④ 일요일

34 윗글의 내용과 같은 것은?

① 주말에는 오전 아홉 시까지 잡니다.

② 주말에는 영화관에서 영화를 봅니다.

③ 주말에는 가족과 함께 청소를 합니다.

④ 주말에는 이주민 센터에서 한국어를 가르칩니다.

35 다음 글의 내용과 같은 것은?

> 한국에서는 이사를 하면 가족이나 친척, 친구를 집으로 초대하는 '집들이'를 합니다. 집들이에 초대받은 사람은 집주인을 위해 선물을 준비하는데, 한국 사람들은 주로 세제나 휴지 같은 생활용품을 선물합니다. 세제는 "빨래할 때 나오는 거품처럼 돈을 많이 벌어서 부자가 되세요."라는 의미가 있습니다. 그리고 휴지는 "모든 일이 잘 풀리기를 바랍니다."라는 의미가 있습니다.

① 집들이에 가기 전에 빨래를 해야 합니다.

② 한국에서는 이사를 하면 집들이를 합니다.

③ 세제는 모든 일이 잘 풀리기를 바라는 마음으로 선물합니다.

④ 한국에서는 집들이를 하면 가족과 친척, 친구들에게 생활용품을 선물합니다.

36 다음 글의 내용과 같은 것은?

> 제가 한국에 온 지 얼마 되지 않았을 때 버스에서 당황했던 기억이 있습니다. 저는 출근할 때 주로 버스를 탑니다. 버스를 탈 때 교통카드를 기계에 대면 '삑' 또는 '환승입니다'라는 안내를 들을 수 있습니다. 그런데 하루는 교통카드를 기계에 댔을 때 '잔액이 부족합니다'라는 안내를 들었습니다. 저는 그 말의 의미를 몰라서 당황했습니다. 그때 마침 버스에 타고 있던 한국 사람이 무슨 의미인지 알려 주면서 저의 버스 요금을 대신 내 주었습니다.

① 저는 한국말을 잘합니다.

② 저는 가끔 버스를 탑니다.

③ 한국 사람이 저를 도와주었습니다.

④ 교통카드가 없어서 요금을 못 냈습니다.

 다음 글의 중심 내용으로 알맞은 것은?

직장 생활을 하다 보면 대인 관계나 업무와 야근 등으로 스트레스를 받을 때가 많다. 그럴 때 대부분의 사람은 아무것도 하지 않고 휴식을 취하면서 스트레스를 푼다. 그러나 휴식보다 야외 활동이나 동호회 활동 등 몸을 움직이는 적극적인 활동으로 스트레스를 더 건강하게 해소하는 것이 좋다.

① 직장 생활에 스트레스를 받는 것은 당연하다.
② 직장에서 스트레스를 받으면 무조건 휴식을 취해야 한다.
③ 직장 생활의 스트레스는 적극적인 활동으로 푸는 것이 더 좋다.
④ 직장에서 대인 관계보다 야근 때문에 스트레스를 더 많이 받는다.

38 다음 글의 제목으로 알맞은 것은?

한국의 학제는 초등학교 6년, 중학교 3년, 고등학교 3년, 대학교 4년(전문 대학교 2~3년)으로 구성되어 있다. 1년에 두 개의 학기로 이루어져 있으며 1학기는 3월, 2학기는 9월에 시작한다. 초등학교부터 고등학교까지는 무상 교육이 이루어지며, 그중 초등학교와 중학교는 의무 교육이다. 그리고 대학 입시 유형에는 수시 모집과 정시 모집이 있다. 이 외에 다문화 가정 자녀나 외국인 등 특수한 환경에 있는 학생은 특별 전형으로 대학에 지원할 수도 있다.

① 한국의 교육열
② 한국의 교육 제도
③ 한국의 인재 양성
④ 한국의 대학 진학률

39 한국의 상징 중 사람의 발음 기관과 하늘, 땅, 사람의 모양을 본떠 만든 것은?

① 한글

② 무궁화

③ 애국가

④ 태권도

40 한국의 출산 장려 정책과 관련이 <u>없는</u> 것은?

① 출산 휴가

② 의무 교육

③ 다자녀 혜택

④ 양육 수당 지원

41 한국에서 첫 번째 생일과 관계가 있는 것은?

① 차례

② 세배

③ 폐백

④ 돌잡이

42 한국의 전통 난방 방식은?

① 한옥

② 온돌

③ 보일러

④ 대청마루

43 농촌 문제에 대한 해결 방안이 <u>아닌</u> 것은?

① 귀농 지원

② 신도시 건설

③ 정보화 교육 실시

④ 농업의 기계화와 자동화

44 해가 지나는 길을 보고 계절의 변화를 나눈 것은?

① 절기

② 날씨

③ 풍습

④ 새해

45 명절의 음식과 그 의미가 서로 맞지 <u>않는</u> 것은?

① 팥죽 – 붉은색이 나쁜 잡귀를 쫓아낸다.

② 송편 – 한 해 농사가 잘되기를 기원한다.

③ 떡국 – 하얗고 긴 떡처럼 무병장수를 기원한다.

④ 부럼 – 한 해 동안 피부병이 생기지 않도록 한다.

46 축의금과 조의금에 대한 설명으로 맞지 <u>않는</u> 것은?

① 축의금과 조의금은 서로 의지하고 돕는 한국 문화이다.

② 축의금은 보통 빨간색 봉투에 돈을 넣어 개인적으로 낸다.

③ 빈소를 방문한 사람들은 위로의 마음을 담아 조의금을 낸다.

④ 결혼식에 가는 사람들은 축하하는 마음을 담아 축의금을 전달한다.

47 다음 글의 ㉠과 ㉡에 들어갈 말로 알맞은 것은?

> 일정 기간마다 정해진 금액을 은행에 맡기는 것을 (㉠)이라고 한다. 이때 이율은 은행마다 다르고, 가입 기간이나 넣는 금액에 따라서도 달라진다. 보통 가입 기간이 길면 길수록 이자가 더 (㉡).

	㉠	㉡
①	적금	줄어든다
②	예금	늘어난다
③	예금	줄어든다
④	적금	늘어난다

48 다음 글의 내용과 <u>다른</u> 것은?

> 선거는 민주주의를 유지하고 발전시키는 가장 중요한 요소 중 하나이며, 국민의 의사를 대신할 사람을 뽑는 행위이다. 한국에서는 대통령을 뽑는 대선, 국회의원을 뽑는 총선, 지방자치단체장과 지방의회의원을 뽑는 지방선거가 있다. 선거로 뽑힌 사람은 임기 동안 국민의 뜻을 받들어 자신에게 주어진 역할을 수행하는데 대통령의 임기는 5년, 국회의원, 지방자치단체장, 지방의회의원의 임기는 4년이다. 그리고 한국의 선거는 보통 선거, 평등 선거, 직접 선거, 비밀 선거라는 원칙이 엄격하게 지켜지고 있다. 따라서 투표를 하는 국민은 선거의 원칙을 지키며 누구를 선출할 것인지 깊이 생각하면서 선거에 참여해야 한다.

① 한국은 크게 세 차례의 선거가 있다.
② 한국에서는 선거의 4원칙을 지키고 있다.
③ 선거로 국민의 의사를 대신할 사람을 뽑는다.
④ 대통령, 국회의원, 지방의회의원의 임기는 모두 똑같다.

49

　　한국에서는 학교 교육에서 학생을 올바르게 알고 지도하기 위하여 참고할 만한 사항을 적은 장부인 '(　　　　　　　　)'을/를 활용하여 대학교 수시 모집에 지원할 수 있다.

50

가: 어제 늦게 퇴근했어요? 피곤해 보이네요.

나: 네, 요즘 일이 많아서 아침에 못 (　　　　　　　) 피곤해요.

01–02

일상생활에서 건강을 지키기 위해서는 먼저 균형 잡힌 식단이 필요하다. 영양소를 골고루 섭취하고, 지나치게 짜거나 단 음식은 피하는 것이 좋다. 대신 채소와 과일을 충분히 섭취하는 것이 바람직하다. 예를 들어, 당근과 시금치는 눈 건강에 효과적이며, 오렌지와 귤은 피로 회복에 도움이 된다. 또한 충분한 수면도 건강 유지에 중요하다. 성인의 경우 하루 7시간에서 8시간의 숙면이 필요하며, 이를 위해서 자기 전에 따뜻한 우유를 마시거나 따뜻한 물로 샤워하는 것이 좋다.

01　위의 글을 소리 내어 읽어 보세요.

02　1) 건강에 좋은 음식은 뭐예요?

2) 건강에 좋지 않은 음식은 뭐예요?

3) 충분한 수면을 위해서 자기 전에 어떻게 해야 해요?

03　1) ______ 씨는 건강한 생활을 위해 무엇을 하는지 말해 보세요.

2) ______ 씨의 건강을 위해 자주 먹는 음식을 말해 보세요.

04　한국의 여러 국경일 중 하나를 선택하여, 그날은 어떤 날이며 무슨 의미가 있는지 말해 보세요.

05　1) 헌법에서 한국은 민주주의 국가입니다. 헌법 제1조 제1항을 말해 보세요.

2) 민주공화국의 의미를 말해 보세요.

실전 모의고사

시험 시간: 60분(객관식 + 주관식) | 정답 및 해설 p.189

01-02 다음 질문에 답하시오.

01 이 사람은 지금 뭐 해요?

① 운동해요.
② 식사해요.
③ 공부해요.
④ 얘기해요.

02 다음 (   )에 들어갈 말로 알맞은 것은?

> 저는 매일 오전 9시부터 오전 11시(   ) 한국어를 배워요.

① 가
② 도
③ 에게
④ 까지

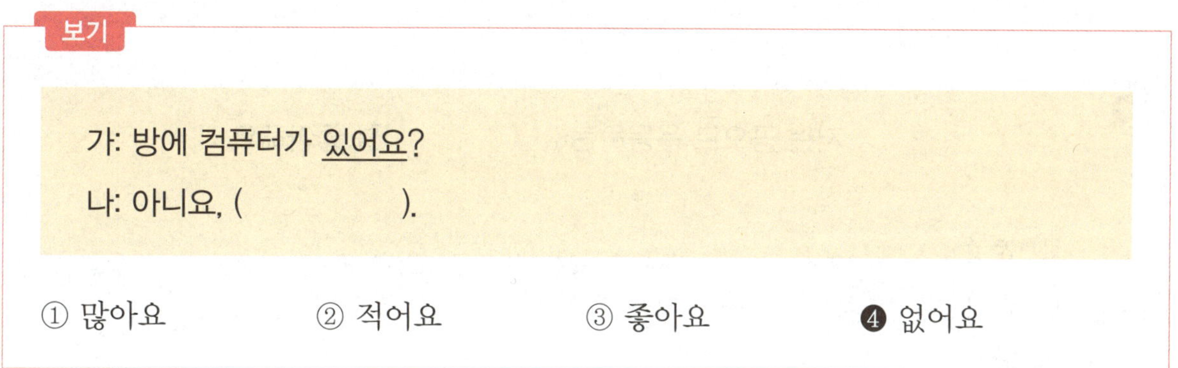

보기

가: 방에 컴퓨터가 <u>있어요</u>?

나: 아니요, (   ).

① 많아요   ② 적어요   ③ 좋아요   ❹ 없어요

03

가: 이 옷이 <u>큰</u> 것 같은데 다른 것으로 주세요.

나: 네, 한 치수 (   ) 것으로 드릴게요.

① 작은

② 많은

③ 짧은

④ 좁은

04

가: 점심 <u>많이</u> 먹었어요?

나: 아니요, 배가 안 고파서 (   ) 먹었어요.

① 빨리

② 조금

③ 일찍

④ 아직

05~06 다음 (   )에 들어갈 가장 알맞은 것을 고르시오.

05

저는 공으로 운동하는 (   )를 좋아해요.

① 농구
② 스키
③ 낚시
④ 요가

06

저는 떡볶이를 정말 좋아해서 집에서 (   ) 만들어 먹어요.

① 거의
② 너무
③ 자주
④ 전혀

 다음 밑줄 친 부분과 의미가 <u>반대인</u> 것을 고르시오.

07

가: 소만 씨의 고향도 사람이 많고 <u>복잡해요</u>?

나: 아니요, 제 고향은 사람도 별로 없고 차도 많이 없어서 (　　　　　).

① 불편해요

② 편리해요

③ 깨끗해요

④ 한적해요

08

가: 엘리베이터가 <u>올라갑니까</u>?

나: 아니요, 1층으로 (　　　　　).

① 타요

② 가요

③ 나가요

④ 내려가요

09-12 다음 (   )에 들어갈 가장 알맞은 것을 고르시오.

09

고장 난 물건을 직접 고치면 수리 (   )을 아낄 수 있어요.

① 비용
② 월급
③ 연봉
④ 수당

10

신분증을 잃어버리면 (   ) 해요.

① 참여해야
② 신고해야
③ 지원해야
④ 양보해야

11

한국인의 사망 원인 중에서 1위를 (　　　　　) 병은 암이다.

① 양보한
② 지원한
③ 충분한
④ 차지한

12

인터넷으로 바지를 샀는데 색상이 마음에 안 들어요. 그래서 다른 색상의
바지로 (　　　　)하려고요.

① 수선
② 교환
③ 환불
④ 결제

보기

> 가: 정원이 진짜 <u>예쁘네요</u>.
>
> 나: 네, 어머니께서 정원을 (　　　　) 만드셨어요.

① 바쁘게　　　② 맛있게　　　❸ 아름답게　　　④ 재미있게

13

가: 주말에 <u>주로</u> 무엇을 하며 시간을 보내나요?

나: 주말에는 (　　　　) 집에서 시간을 보내요.

① 우선
② 편히
③ 무조건
④ 대부분

14

가: 서울에서 큰 규모의 박람회가 <u>열렸어요</u>.

나: 네, 올해 처음 (　　　　) 전통 음식 박람회래요.

① 관람하는
② 개최하는
③ 변경하는
④ 연장하는

15

가: 지난 주말에 무엇을 했어요?

나: 아들이 책을 좋아해서 책을 (　　　　).

① 읽지 마세요
② 읽을 거예요
③ 읽고 싶어요
④ 읽어 줬어요

16

가: 요즘 계란이 너무 비싼 것 같아요.

나: 시장에 가면 조금 (　　　　) 살 수 있어요.

① 저렴하게
② 저렴해야
③ 저렴하지만
④ 저렴하니까

가: 친구가 이사를 했다고 집으로 초대했어요. 선물로 무엇을 사 가면 좋을까요?

나: 집들이에 (　　　　　　) 세제나 휴지를 사 가세요.

① 가고

② 가지만

③ 갈 때는

④ 간 다음에

18

가: 왜 그 옷 가게에 자주 가요?

나: 싸고 (　　　　　　) 옷이 많아서요.

① 예쁜

② 예쁠

③ 예뻐서

④ 예쁘면

19

가: 다음 주에 여행을 가려고 하는데 어디가 좋을까요?

나: 부산에 한번 (　　　　　).

① 갈게요

② 갔거든요

③ 가 보세요

④ 가고 있어요

20

가: 감기가 낫지 않아서 걱정이에요.

나: 감기가 빨리 (　　　　　) 병원에 가는 것이 좋겠어요.

① 낫도록

② 나아서

③ 낫느라고

④ 낫기 때문에

21

가: 어제 중간고사 잘 봤어?

나: 공부를 많이 못 했는데 공부한 것에 비하면 시험을 (　　　　　) 잘 본 것 같아.

① 꽤

② 푹

③ 꼭

④ 쭉

22

가: 좋은 일이 (　　　　　). 아침부터 계속 웃고 있네요.

나: 오늘 부모님이 한국에 오시거든요.

① 있잖아요

② 있나 봐요

③ 있다시피 해요

④ 있고 말았어요

23　① 그때는 머리가 <u>길었네요</u>.

　② 옷이 정말 예쁘고 잘 <u>어울리네요</u>.

　③ 정말 오랫동안 한국어를 <u>배웠네요</u>.

　④ 여름이라 그런지 날씨가 아주 <u>더우네요</u>.

24　① 아무리 늦게 <u>자도</u> 7시에는 일어나요.

　② 택배를 <u>보내려면</u> 우체국에 가야 돼요.

　③ 보고서를 <u>쓸 텐데</u> 3일 밤을 못 잤어요.

　④ 어제 너무 피곤해서 겉옷을 <u>입은 채</u> 잠들었어요.

25

가: 오늘 저녁에 뭐 해요?
나: 오랜만에 아내하고 외식을 (   ).

① 했어요
② 하고 있어요
③ 하려고 해요
④ 할 뻔 했어요

26

가: 보통 주말에 뭐 해요?
나: 저는 운동도 할 겸 스트레스도 (   ) 자전거를 타러 공원에 자주
   가요.

① 풀 겸
② 쓸 겸
③ 바꿀 겸
④ 마실 겸

27 ① 며칠 밤을 <u>새웠더니</u> 피곤하네요.

② 식당에 <u>갔더니</u> 사람들이 너무 많네요.

③ 운동을 <u>했더니</u> 스트레스가 확 풀리네요.

④ 어제는 눈이 <u>왔더니</u> 오늘은 하늘이 맑네요.

28 ① 이력서는 미리 <u>써 놓는</u> 게 좋아요.

② 늦게 <u>일어나자마자</u> 회사에 지각했어요.

③ 식욕이 <u>없어도</u> 잘 먹어야 금방 나을 수 있어요.

④ 새로운 회사에 들어가기 <u>위해서</u> 준비하고 있어요.

29

　오랜만에 만난 고향 친구와 함께 맛집으로 유명한 식당에 갔습니다. 식당 안은 손님이 많아서 (　　㉠　　). 점심시간이 지났지만 여전히 많은 사람이 길게 줄을 서서 기다리고 있었습니다. 그래서 우리도 줄을 서서 기다렸습니다. 40분 정도 기다린 다음에야 식당 안으로 들어갈 수 있었습니다.

① 식사했습니다
② 주문했습니다
③ 안에 들어갔습니다
④ 자리가 없었습니다

30

　한국에서 쓰레기를 버릴 때, 깡통, 병, 플라스틱, 종이 등은 종류별로 나누어 지정된 장소와 날짜에 맞춰 (　　㉠　　). 그리고 일반 쓰레기는 종량제 봉투에 넣어서 버립니다. 음식물 쓰레기는 음식물 쓰레기봉투에 넣어서 버리거나, 음식물 쓰레기 종량기에 넣습니다. 쓰레기를 버리는 날짜와 버려야 하는 위치, 쓰레기봉투의 종류는 동네마다 지역마다 다르기 때문에 잘 확인해서 버려야 합니다.

① 분리배출을 해야 합니다
② 음식물 종량기에 넣어야 합니다
③ 일반 봉투에 넣어 버려야 합니다
④ 종량제 봉투에 넣어 버려야 합니다

31

　한국의 대표적인 명절인 설날은 음력 1월 1일이다. 보통 설날 아침에는 가족과 친척이 모두 모여 차례를 지내고 어른들과 윗사람에게 (　　㉠　　). 윗사람은 아랫사람에게 덕담해 주고 세뱃돈도 준다. 그리고 건강과 장수를 빌며 떡국을 먹는다. 설날에 떡국을 먹으면 나이를 한 살 더 먹는다는 의미가 있다.

① 세배를 한다
② 성묘를 간다
③ 설빔을 드린다
④ 떡국을 끓인다

32

　지금 사는 집은 주변이 시끄럽고 지하철역도 멀어서 새로 이사 갈 집을 구하고 있었습니다. 그런데 마침 부동산 중개인에게 집을 하나 소개받았는데, 그 집은 주변이 한적하고 근처에 마트와 편의점, 공원도 있으며 지하철역도 가깝습니다. (　　㉠　　) 가까운 거리에 편의 시설이 많아서 그 집이 마음에 듭니다.

① 조용한 데다가
② 교통이 편리하지만
③ 부동산 중개인이 친절하고
④ 지금 사는 집의 계약 기간이 얼마 남지 않아서

전자 제품은 구입 후 보증서와 함께 보관하는 것이 중요하다. 보증서에는 모델명, 보증 기간, 구입 일자 등이 적혀 있다. 그중 특히 (　　㉠　　)을 잘 살펴봐야 하는데 이는 제품 판매자가 소비자에게 무료로 수리를 약속하는 기간을 말한다. 이는 제품마다 다르기 때문에 전자 제품을 구입하면 가장 먼저 꼼꼼히 살펴봐야 한다.

33 ㉠이 가리키는 것은?

① 계약 기간

② 연장 기간

③ 제품 보증 기간

④ 출장 서비스 기간

34 윗글의 내용과 같은 것은?

① 전자 제품 구매 후 구입 일자만 알고 있으면 된다.

② 무료로 수리가 가능한 기간은 모든 제품이 동일하다.

③ 전자 제품의 보증서만 있으면 무조건 수리가 가능하다.

④ 전자 제품을 구입하면 보증서를 잘 가지고 있어야 한다.

35 다음 글의 내용과 같은 것은?

> 휴일에 약이 필요하면 '휴일 지킴이 약국'을 찾으면 된다. '휴일 지킴이 약국'은 사람들이 필요한 약을 구입할 수 있도록 주말과 휴일에도 문을 연다. '휴일 지킴이 약국'의 정보는 누리집에서 찾을 수 있으며, 이곳에서 필요한 약 정보도 확인할 수 있다.

① 휴일 지킴이 약국은 휴일에만 문을 연다.
② 이 약국에서 약을 구입하려면 평일에 가야 한다.
③ 휴일 지킴이 약국에서 약 정보도 확인할 수 있다.
④ 누리집에 있는 약국에서는 휴일에도 약을 구입할 수 있다.

36 다음 글의 내용과 같은 것은?

> 저는 요리하는 것을 좋아합니다. 특히 한국 음식을 잘 만듭니다. 어제는 친구들에게 김치찌개를 만들어 주었습니다. 친구들이 맛있다고 칭찬해 주었습니다. 내일은 김장을 해보려고 합니다. 김치는 좋은 배추를 골라야 맛있다고 합니다. 오늘 시장에 가는데 좋은 배추가 있으면 좋겠습니다.

① 저는 요리사가 되고 싶습니다.
② 내일 시장에서 배추를 살 겁니다.
③ 저는 김치를 맛있게 만들었습니다.
④ 친구들이 제가 만든 음식이 맛있다고 했습니다.

37 다음 글의 중심 내용으로 알맞은 것은?

한국소비자원은 소비자 피해를 구제하기 위한 정부 산하 기관이다. 소비자의 고충을 들어주고 피해를 구제받을 수 있도록 도와주는 일을 한다. 그리고 소비자 문제의 원인을 밝히기 위해 실태 조사·사례 분석·대안 평가를 실시하여 적절한 개선 방안을 관계 기관에 건의하기도 한다.

① 한국소비자원은 국세청 산하 기관이다.
② 소비자 피해단체는 한국소비자원뿐이다.
③ 한국소비자원은 소비자의 권리와 이익을 지키는 기능을 한다.
④ 한국소비자원은 정부에 소비자 피해를 건의할 수 있는 곳이다.

38 다음 글의 제목으로 알맞은 것은?

플라스틱은 저렴하면서도 가벼워서 일회용 제품으로 널리 사용되고 있다. 하지만 플라스틱은 한 번 쓰고 나면 버려지고, 버려진 플라스틱 쓰레기는 대부분 바다로 유입되어 환경을 파괴한다. 그래서 플라스틱을 포함한 일회용 제품 사용을 줄이기 위해 전 세계가 노력하고 있다. 이러한 환경오염을 줄이기 위해서는 비닐봉지 사용 줄이기, 배달 음식 줄이기, 텀블러 사용하기 등 국가보다 일상생활 속 개인의 노력이 더 중요하다.

① 기후가 변화하는 이유
② 환경을 지키는 일회용
③ 플라스틱이 생산되는 과정
④ 환경오염을 줄이기 위한 노력

 다음 질문에 답하시오.

39 '문화가 있는 날'의 날짜는?

① 매월 마지막 주 토요일

② 매월 마지막 주 일요일

③ 매월 마지막 주 화요일

④ 매월 마지막 주 수요일

40 부모와 자녀 간의 촌수는?

① 무촌

② 일촌

③ 이촌

④ 삼촌

41 대중교통 이용을 권장하기 위해 시행하는 제도는?

① 차고지 증명제

② 대리운전 제도

③ 버스전용차로 제도

④ 심야시간 통행료 할인 제도

42 국민의 4대 의무로 옳지 <u>않은</u> 것은?

① 납세의 의무

② 도덕의 의무

③ 근로의 의무

④ 국방의 의무

43 설날에 새 옷이나 신발을 사서 아이들에게 입히는 것은?

① 설빔

② 차례

③ 세배

④ 덕담

44 '말을 조심해서 하라'는 의미가 담긴 한국 속담은?

① 말 한마디에 천 냥 빚도 갚는다.

② 입은 비뚤어져도 말은 바로 해라.

③ 같은 말이라도 아 다르고 어 다르다.

④ 낮말은 새가 듣고 밤말은 쥐가 듣는다.

45 한국 음식에 대한 설명으로 맞지 <u>않는</u> 것은?

① 명절인 단오에는 떡국을 먹는다.

② 한국 음식은 기본적으로 밥, 국, 반찬으로 구성된다.

③ 11월 말에서 12월 초에 많은 양의 김치 담그는 것을 김장이라고 한다.

④ 된장, 간장, 고추장, 젓갈류 등과 같은 발효 음식을 반찬으로 많이 먹는다.

46 민주주의에 대한 설명으로 맞지 <u>않는</u> 것은?

① 대한민국은 민주공화국이다.

② 대한민국의 주권은 국민에게 있다.

③ 민주주의는 인간의 존엄성 실현을 목표로 한다.

④ 대한민국의 모든 권력은 대통령으로부터 나온다.

47 다음 글의 ㉠과 ㉡에 들어갈 말로 알맞은 것은?

> 직장인이라면 누구나 기다리는 날이 있다. 바로 급여일이다. 한국의 직장인은 보통 한 달에 한 번 은행 계좌를 통해 (　㉠　)을 받는다. (　㉠　)은 크게 기본급과 (　㉡　)으로 나누어진다. 기본급은 일을 하고 받는 기본적인 돈이고, (　㉡　)은 정해진 돈 외에 추가로 받는 돈이다.

	㉠	㉡
①	월급	수당
②	연봉	일당
③	월급	일당
④	연봉	수당

48 다음 글의 내용과 <u>다른</u> 것은?

> 과거에는 사람들이 직접 모든 일을 했지만, 요즘은 로봇이 사람의 일을 대신해 준다. 인공 지능 스피커는 음성을 통해 날씨, 뉴스, 음악 재생 등 사용자가 원하는 다양한 정보를 제공하여 생활에 편리함을 준다. 또한 사물 인터넷은 스마트폰 하나로 전등을 켜고 끄는 등 집 안의 모든 기기를 자유롭게 제어할 수 있다. 가상현실은 컴퓨터 기술로 만들어진 가상의 세계를 실제처럼 보고, 듣고, 느낄 수 있게 해 준다. 기기를 착용하면 집에서도 마치 해외여행을 하는 듯한 경험도 할 수 있다.

① 인공 지능 스피커는 다양한 정보를 제공한다.
② 가상현실 기계를 착용하면 실제로 외국에 갈 수 있다.
③ 사물 인터넷을 이용하면 집 안의 전등을 켜고 끌 수 있다.
④ 가상현실 기술을 이용해 가상의 세계를 체험해 볼 수 있다.

 다음을 읽고 (   )에 가장 알맞은 것을 쓰시오.

49

가: 이 책상은 좀 오래돼서 이제 바꿔야겠어요.

나: 책상이요? 오래됐지만 아직 튼튼해서 (   ).

50

가: 어제 저녁에 잘 갔어요? 전화를 했는데 안 받아서 걱정했어요.

나: 미안해요. 너무 피곤해서 집에 (   ) 잤어요.

가: 괜찮아요. 집에 잘 들어가서 다행이에요.

01–02

　　한국에서는 대중교통을 이용할 때 지켜야 할 공공 예절이 몇 가지 있다. 우선 승하차 시에는 질서를 지켜 줄을 서야 하고, 내리는 사람이 우선이므로 승객이 모두 내린 후에 승차해야 한다. 그리고 교통 약자석은 노약자, 임산부, 장애인, 어린이에게 자리를 양보해야 한다. 또한 대중교통 내에서 통화나 대화는 조용히 해야 하고, 음악 감상이나 영상 시청은 이어폰을 사용해야 한다. 공공 예절을 잘 지킨다면 모두가 더욱 쾌적하고 안전하게 대중교통을 이용할 수 있을 것이다.

01　위의 글을 소리 내어 읽어 보세요.

02　1) 한국의 대중교통을 이용할 때는 어떻게 해야 하나요?

　　　2) 교통 약자석에는 누가 앉을 수 있나요?

03　1) ______ 씨가 알고 있는 한국의 공공 예절에는 또 어떤 것이 있는지 말해 보세요.

　　　2) ______ 씨 고향에서 지켜야 하는 공공 예절에는 무엇이 있는지 말해 보세요.

04　수도권에는 유명한 명소와 축제들이 많이 있습니다.
　　　※ 수도권에 가 본 적이 없다면, 여러분이 살고 계신 지역으로 바꾸어 말해 보세요.

　　　1) 수도권의 명소 중 가 본 곳이 있으면 어떤 곳인지 소개해 보세요.

　　　2) 수도권의 축제에 참여해 본 적이 있거나 알고 있는 축제를 말해 보세요.

05　환경오염에는 어떤 종류가 있는지 말하고, 환경오염의 해결 방법을 말해 보세요.

실전 모의고사

⏱ 시험 시간: 60분(객관식 + 주관식) | 📝 정답 및 해설 p.207

01–02 다음 질문에 답하시오.

01 이 사람은 지금 뭐 해요?

① 노래를 불러요.
② 음악을 들어요.
③ 옷을 만들어요.
④ 텔레비전을 봐요.

02 다음 (   )에 들어갈 말로 알맞은 것은?

공원(   ) 친구를 만나요.

① 에
② 를
③ 에서
④ 하고

보기

가: 방에 컴퓨터가 <u>있어요</u>?

나: 아니요, (　　　　　).

① 많아요　　　② 적어요　　　③ 좋아요　　　❹ 없어요

03

가: 미나 씨, 가방이 <u>무거워요</u>?

나: 아니요, (　　　　　).

① 추워요

② 어려워요

③ 가벼워요

④ 재미있어요

04

가: 이 요리를 만드는 것이 <u>어렵지요</u>?

나: 아니요. (　　　　　).

① 쉬워요

② 작아요

③ 나빠요

④ 높아요

 다음 ( )에 들어갈 가장 알맞은 것을 고르시오.

05

오후에는 (　　　　　)에서 공부를 해요.

① 편의점
② 찜질방
③ 여행사
④ 도서관

06

식사할 때는 편식하지 말고 음식을 (　　　　　) 먹어야 해요.

① 충분히
② 꾸준히
③ 골고루
④ 편하게

07

> 가: 혹시 오늘 오후에 <u>시간이 있어요?</u>
> 나: 아니요, 오늘 오후에는 좀 (　　　　　).

① 아파요
② 고파요
③ 바빠요
④ 나빠요

08

> 가: 문제를 푸는 데 시간이 <u>충분했어요?</u>
> 나: 아니요, 시간이 (　　　　　).

① 부족했어요
② 어려웠어요
③ 나빠졌어요
④ 즐거웠어요

09

아이가 태어나면 구청이나 행정복지센터에 가서 (   )를 해야 해요.

① 전입 신고
② 출생 신고
③ 사망 신고
④ 혼인 신고

10

한국에 와서 성격도 (   ) 친구들도 많아져서 한국 생활이 즐거워요.

① 답답해지고
② 예민해지고
③ 활발해지고
④ 우울해지고

11

한국어가 서툴러서 제 감정을 (　　　　　) 표현하기가 어려워요.

① 두렵게

② 솔직하게

③ 캄캄하게

④ 불투명하게

12

통장에 돈이 얼마 안 남았네요. 낭비하지 말고 (　　　　　)해야겠어요.

① 계산

② 수입

③ 할인

④ 절약

 다음 〈보기〉를 참고하여 밑줄 친 부분과 의미가 <u>비슷한</u> 것을 고르시오.

> **보기**
>
> 가: 정원이 진짜 <u>예쁘네요</u>.
> 나: 네, 어머니께서 정원을 (   ) 만드셨어요.
>
> ① 바쁘게　　　② 맛있게　　　❸ 아름답게　　　④ 재미있게

13

가: 수업 시간을 무슨 요일로 <u>바꿨어요</u>?
나: 월요일에서 목요일로 (   ).

① 취소했어요
② 교환했어요
③ 변경했어요
④ 환불했어요

14

가: 올해도 청년 고용률이 <u>줄어들고</u> 있어서 청년들의 어려움이 더욱 커질 것으로 예상돼요.
나: 네, 맞아요. 고용률이 (   ) 있어서 걱정이에요.

① 증가하고
② 감소하고
③ 선호하고
④ 늘어나고

 다음 대화의 (   )에 들어갈 가장 알맞은 것을 고르시오.

15

가: 빨래를 한 다음에 무엇을 할 거예요?

나: 공과금을 (   ) 은행에 가려고 해요.

① 납부하면

② 납부하러

③ 납부할 때

④ 납부하려면

16

가: 내일 모임에 (   )?

나: 아니요, 내일 약속이 있어서 못 가요.

① 왔지요

② 왔어요

③ 올 수 있어요

④ 온 적 있어요

17

가: 사진 속의 아이는 누구예요?

나: 저하고 제일 (   ) 친구의 딸이에요.

① 친한

② 친하고

③ 친해서

④ 친하니까

18

가: 날씨가 (   ) 공원에 나갈까요?

나: 네, 좋아요. 밖에 나가요.

① 좋은데

② 좋다고

③ 좋으려면

④ 좋으려고

19

① 쉬다가

② 쉬라고

③ 쉬냐고

④ 쉬면서

20

① 시작됐나요

② 시작된 거예요

③ 시작하고 있어요

④ 시작한다고 해요

21

① 알려드려도

② 알려드렸더니

③ 알려드렸다시피

④ 알려드리더라도

22

① 믿는 수밖에

② 믿는 것보다

③ 믿을 정도로

④ 믿을 수조차

23

① 여름휴가가 <u>길으면 좋겠어요</u>.

② 겨울 날씨치고 <u>따뜻한 편이네요</u>.

③ 짐이 많아서 그런데 좀 <u>도와주실래요</u>?

④ 집 근처에 둘레길이 있어서 <u>산책하기에 좋아요</u>.

24

① 지금은 <u>바쁘느라고</u> 다음에 통화해요.

② 엄마한테 <u>혼날까 봐</u> 숙제를 먼저 했어요.

③ 지난주부터 <u>기다리던</u> 택배가 도착했어요.

④ 어려운 일이 <u>생기면</u> 언제라도 연락하세요.

25

가: 음식 솜씨가 정말 좋네요.

나: (   ). 그냥 다른 사람들 하는 정도죠.

① 좋아요

② 좋기는요

③ 좋다고 해요

④ 좋을 수밖에 없어요

26

가: 지금 나오는 노래 제목을 아세요?

나: 제가 학교에 다닐 때 자주 (   ) 노래인데 기억이 잘 안 나네요.

① 듣더니

② 들었던

③ 들었다가

④ 들은 나머지

27　① 형이 연필을 좀 <u>빌려달라고</u> 했어요.

　　　② 친구가 문자를 <u>보내자고</u> 물어봤어요.

　　　③ 사장님께서 일할 때 <u>조심하라고</u> 하셨어요.

　　　④ 동생은 시험 때문에 스트레스를 <u>받는다고</u> 했어요.

28　① 한국어는 <u>배우니까</u> 점점 어려워져요.

　　　② 제가 전에 <u>다니던</u> 헬스장이 없어졌어요.

　　　③ 이 식당은 <u>저렴할 뿐만</u> 아니라 맛있어요.

　　　④ 주말에 푹 <u>쉬었더니</u> 오늘은 힘들지 않아요.

29

> 저는 보통 월요일부터 금요일까지 일을 합니다. 오전 9시부터 8시간 일을 합니다. 그런데 일이 많으면 (㉠   ). 그리고 토요일에도 일을 합니다.

① 주로 쉽니다

② 퇴근을 합니다

③ 출근을 안 합니다

④ 밤에도 일을 합니다

30

> 병원은 언제 가는 것이 좋을까요? 병원은 오후에 가는 것이 좋습니다. 오전에는 사람이 많고 (㉠   ) 때문입니다. 특히 월요일 오전은 병원에 사람이 가장 많습니다. 가능하면 월요일 오전은 피해서 가는 것이 좋습니다.

① 필요하기

② 기대하기

③ 유명하기

④ 복잡하기

31

한국의 고유 문자인 한글은 한글 맞춤법에 따라 14개의 자음과 10개의 모음으로 이루어져 있다. 한글은 글자마다 각각 다른 소리를 가지며, 자음과 모음이 결합된 형태로 쓰인다. 그리고 (㉠   ) 쓴다.

① 앞에서 뒤로

② 아래에서 위로

③ 왼쪽에서 오른쪽으로

④ 오른쪽에서 왼쪽으로

32

동대문시장은 서울에 있는 큰 시장이다. 그리고 외국인들에게도 많이 알려져 있다. 여러 가지 물건이 많은데 특히 다양한 옷과 액세서리가 (㉠   ) 유명하다. 동대문시장은 늦은 오후부터 다음 날 새벽까지 문을 열기 때문에 밤에도 쇼핑할 수 있다.

① 받기로

② 많기로

③ 가지기로

④ 설명하기로

예전에는 다른 사람에게 소식을 전하기 위해 직접 손으로 편지를 쓰거나 전화를 걸어야 했다. 그러나 최근 정보통신기술이 발달하면서 소식을 전하는 방법도 다양해졌다. 요즘 사람들은 스마트폰으로 이메일과 문자 메시지보다 페이스북과 인스타그램 등 (㉠)에서 상대방과 문자, 사진, 영상 등을 주고받으며 서로의 소식을 전한다.

33 ㉠이 가리키는 것은?

① 동영상

② 홈페이지

③ 전화번호

④ 에스엔에스(SNS)

34 윗글의 내용과 같은 것은?

① 손으로 직접 편지를 쓰는 것이 좋다.

② 현대에는 많은 사람이 손 편지를 선호한다.

③ 요즘은 이메일과 문자 메시지를 거의 사용하지 않는다.

④ 정보통신기술의 발달로 소식을 주고받을 수 있는 방법이 많아졌다.

35 다음 글의 내용과 같은 것은?

> 사람들이 사는 곳에서는 크고 작은 갈등과 다툼이 생기기 마련입니다. 서로 갈등을 잘 해결하면 좋겠지만 때로는 법적으로 문제를 해결해야 할 때도 있습니다. 법적으로 문제를 해결한다는 것은 재판으로 해결한다는 뜻인데 재판에는 민사 재판, 형사 재판, 가사 재판 등이 있습니다. 그러나 재판은 시간도 오래 걸리고, 서로를 힘들게 하기 때문에 갈등이 생겼을 때 법적으로 해결하기보다 서로 잘 협의하는 것이 중요합니다.

① 사람들이 사는 곳에는 크고 작은 문제가 생길 수 있습니다.

② 가사 재판은 법적으로 문제를 해결할 수 있는 유일한 재판입니다.

③ 재판으로 문제를 해결하면 시간과 노력이 많이 소요되지 않습니다.

④ 갈등이 생겼을 때는 가능한 한 법적으로 해결하는 것이 가장 좋습니다.

36 다음 글의 내용과 같은 것은?

> 국민연금이란 소득이 있을 때 매달 보험료를 납부하고, 나이가 들거나 장애 등으로 소득이 중단되었을 때 급여를 받는 한국의 대표적인 사회 보장 중 하나이다. 한국에서는 60세 미만으로서 소득이 있는 사람은 의무적으로 국민연금에 가입해야 한다. 가입할 수 없는 나라를 제외하고, 한국에 거주하고 있는 외국인도 한국인과 동등하게 국민연금에 가입해야 한다.

① 모든 외국인은 한국인과 동등하게 국민연금 가입 대상이 된다.

② 60세라도 소득이 있는 사람은 의무적으로 국민연금에 가입해야 한다.

③ 생활이 어려운 국민의 최저 생활을 보장하기 위해 지원하는 제도이다.

④ 나이가 들어 일을 할 수 없게 되는 경우를 대비하여 매달 보험료를 낸다.

37 다음 글의 중심 내용으로 알맞은 것은?

이번 달은 식비로 90만 원이나 썼다. 친구와 자주 만나서 맛집에서 밥도 먹고 카페도 많이 갔기 때문이다. 생각보다 지출이 너무 커서 휴가철에 여행을 가고 싶은데 비용이 부담스럽다. 그래서 식비를 줄일 방법을 찾아봤다. 되도록이면 집에서 요리해 먹고, 식당이나 카페에 갈 때는 할인 카드를 사용하고, 포인트와 쿠폰을 꼭 적립하려고 한다. 그리고 매일 돈을 쓴 후에는 가계부를 쓰면서 지출을 관리할 것이다.

① 카페에서 쿠폰과 포인트를 적립할 수 있다.

② 여행을 가기 위해서는 저축이 가장 중요하다.

③ 친구와 맛집에 가는 것은 즐겁지만 돈이 많이 든다.

④ 식비를 절약하여 여행 비용을 마련할 방법을 계획 중이다.

38 다음 글의 제목으로 알맞은 것은?

집을 구할 때는 꼼꼼하게 확인해야 하는 것들이 있다. 가장 먼저 확인해야 할 점은 이사 갈 집의 주변을 살펴보는 것이다. 예를 들어 집 주변에 편의 시설이 있는지, 교통은 편리한지, 혼자 다녀도 안전한지 등을 확인해야 한다. 그리고 집 내부에는 해가 잘 들어오는지, 소음은 없는지, 냉난방이 잘 되는지, 고장 난 시설(문, 창문, 싱크대, 세면대, 변기 등)은 없는지도 꼼꼼하게 살펴봐야 한다.

① 계약할 때 주의 사항

② 집 주변의 편의 시설

③ 이사 갈 집의 크기와 위치

④ 집을 구할 때의 확인 사항

 다음 질문에 답하시오.

39 과거 통일 신라의 수도로, 많은 문화재와 유적이 있는 도시는?

① 서울

② 부산

③ 경주

④ 전주

40 선생님의 은혜에 감사하는 날은?

① 어버이날

② 스승의 날

③ 부부의 날

④ 성년의 날

41 한국 중학교의 교육 기간은?

① 2년

② 3년

③ 4년

④ 5년

42 24절기 중 동지에 먹는 음식은?

① 떡국

② 부럼

③ 송편

④ 팥죽

43 1945년에 대한민국이 일본으로부터 해방된 것을 기념하고, 대한민국 정부수립을 경축하는 날은?

① 삼일절

② 광복절

③ 제헌절

④ 개천절

44 약국 외에 해열제, 진통제, 소화제, 파스 등을 살 수 있는 곳은?

① 시장

② 서점

③ 편의점

④ 보건소

45 이웃사촌에 대한 설명으로 맞지 <u>않는</u> 것은?

① 한국 사람들은 예로부터 이웃을 소중하게 생각했다.

② 이웃사촌은 거리가 가까운 곳에 사는 사람이라는 뜻이다.

③ 요즘도 예전과 비슷하게 친밀한 이웃 관계를 유지하고 있다.

④ 농경 생활 중 서로 돕고 지내다 보니 가까운 친척만큼 친한 사이가 되었다.

46 교육열에 대한 설명으로 맞지 <u>않는</u> 것은?

① 높은 교육열로 많은 인재를 양성할 수 있었다.

② 대표적인 사교육 유형으로 학원, 과외 등이 있다.

③ 한국 학생의 대학 진학률은 OECD 회원국 중에서 가장 낮다.

④ 한국 학부모는 자녀의 사교육비로 매달 많은 돈을 지출하고 있다.

47 다음 글의 ㉠과 ㉡에 들어갈 말로 알맞은 것은?

> 선거는 민주주의를 유지하고 발전시키는 가장 중요한 요소 중 하나이다. 민주주의에서는 중앙 정부나 지방 정부의 모든 권력이 (㉠)(으)로부터 나온다고 믿는다. 선거는 바로 이러한 권력과 관련하여 자신의 의사를 대신할 사람을 뽑는 행위이다. 한국에서는 크게 대통령을 뽑는 선거, (㉡)을 뽑는 선거, 지방자치단체장과 지방의회의원을 뽑는 선거가 있다.

	㉠	㉡
①	국민	시장
②	정부	국회의원
③	국민	국회의원
④	정부	시장

48 다음 글의 내용과 <u>다른</u> 것은?

> 봄에는 미세 먼지, 여름에는 폭염과 호우, 겨울에는 한파와 폭설 등 각종 재난 상황이 발생했을 때 정부는 모든 국민에게 재난을 알리는 문자를 보낸다. 또 지진이나 해일과 같은 재난 발생 시 신속한 대피를 위해 휴대 전화로 긴급 재난 문자도 보낸다. 이는 행정안전부에서 이동통신사로 보내는 것이다. 안전 안내 문자와 긴급 재난 문자는 사용자의 휴대 전화 설정에서 수신 및 거부가 가능하다.

① 재난에는 폭염, 한파, 폭설, 지진 등이 있다.
② 국민의 안전을 위해 국방부에서 재난 안내 문자를 보낸다.
③ 재난에 신속하게 대피할 수 있도록 휴대 전화로 문자를 보낸다.
④ 안전 안내 및 긴급 재난 문자는 휴대 전화에서 수신 또는 거부를 설정할 수 있다.

 다음을 읽고 (　　　)에 들어갈 가장 알맞은 것을 쓰시오.

49

> 　도서관, 박물관, 병원, 지하철역과 같이 여러 사람이 함께 사용하는 장소를 (　　　　　　)(이)라고 한다. 이곳에서는 큰 소리로 떠들거나 아무 데나 휴지를 버리는 등 다른 사람에게 피해를 주는 행동을 하지 않도록 해야 한다.

50

> 가: 마트 멤버십 카드 하나 만드세요.
>
> 나: 멤버십 카드를 (　　　　　　　) 무슨 혜택이 있나요?
>
> 가: 구매 금액의 2%를 적립해 드려요.

01–02

　　한국 사람들은 사회에서 친목을 도모하기 위해 '동창회'와 '동호회'에 자주 참석한다. 동창회는 같은 학교를 졸업한 사람들이 모여 친목을 다지고, 모교와 관계를 이어가기 위해 만들어진 모임이다. 한편, 동호회는 등산, 악기 연주, 스포츠 등 공통된 취미를 함께 즐기는 사람들의 모임이다. 사람들은 동호회에 가입해 취미를 즐기는 것은 물론, 새로운 사람들과 교류하고 다양한 정보를 얻으면서 인간관계를 넓히기도 한다.

01　위의 글을 소리 내어 읽어 보세요.

02　1) 동창회는 어떤 모임입니까?

　　　2) 동호회는 어떤 모임입니까?

　　　3) 동호회에 가입하면 어떤 점이 좋습니까?

03　1) ＿＿＿＿＿ 씨는 한국에서 어떤 동호회에 가입하고 싶은지 말해 보세요.

　　　2) ＿＿＿＿＿ 씨 고향에는 어떤 모임이 있는지 말해 보세요.

04　1) 한국의 무형문화재와 유형문화재에는 어떤 것이 있는지 말해 보세요.

　　　2) 한국의 기록유산과 자연유산에는 어떤 것이 있는지 말해 보세요.

　　　3) ＿＿＿＿＿ 씨 고향에는 어떤 문화유산이 있는지 말해 보세요.

05　1) 한국에는 어떤 대중문화가 있는지 말해 보세요.

　　　2) 한국에는 어떤 '방' 문화가 있는지 말해 보세요.

실전 모의고사

시험 시간: 60분(객관식 + 주관식) | 정답 및 해설 p.226

01-02 다음 질문에 답하시오.

01 이 사람들은 지금 뭐 해요?

① 일해요.

② 수영해요.

③ 빨래해요.

④ 출근해요.

02 다음 (   )에 들어갈 말로 알맞은 것은?

> 지난 주말에 친구를 만나서 밥을 먹었어요. 영화(   ) 봤어요.

① 께

② 가

③ 도

④ 와

보기

가: 방에 컴퓨터가 <u>있어요</u>?
나: 아니요, (   ).

① 많아요 ② 적어요 ③ 좋아요 ❹ 없어요

03

가: 이 집은 <u>좁아요</u>?
나: 아니요, (   ).

① 높아요
② 넓어요
③ 짧아요
④ 멀어요

04

가: 마트에 사람이 <u>많아요</u>?
나: 아니요, 마트에 사람이 (   ).

① 작아요
② 적어요
③ 있어요
④ 나빠요

05–06 다음 대화의 (   )에 들어갈 가장 알맞은 것을 고르시오.

05

가: 아침부터 계속 이가 아파요.

나: (   )에 가는 것이 좋겠어요.

① 치과
② 내과
③ 정형외과
④ 이비인후과

06

가: 이번 토요일에 아이 돌잔치를 할 거예요.

나: 어머, 아이가 (   ) 돌이에요?

① 이미
② 거의
③ 벌써
④ 아마

07

가: 마스크를 <u>벗을까요</u>?

나: 아니에요. (　　　　　) 계세요.

① 들고
② 쓰고
③ 입고
④ 빼고

08

가: 저는 이번 시험이 지난번보다 <u>쉬웠어요</u>.

나: 그래요? 저는 이번 시험이 (　　　　　).

① 긴장했어요
② 조용했어요
③ 불편했어요
④ 어려웠어요

09-12 다음 (   )에 들어갈 가장 알맞은 것을 고르시오.

09

외식을 자주 해서 이번 달은 (   )가 많이 나왔어요.

① 식비
② 교통비
③ 통신비
④ 경조사비

10

병원에 (   ) 동안 술을 마시거나 담배를 피우면 안 됩니다.

① 등록하는
② 갱신하는
③ 신청하는
④ 입원하는

저는 평소에 물건을 살 때 현금보다는 카드로 (　　　　　　).

① 메모해요

② 차지해요

③ 작성해요

④ 결제해요

한국 문화가 익숙하지 않아 가끔 (　　　　　　)를 해요.

① 인사

② 무리

③ 실수

④ 놀이

보기

가: 정원이 진짜 <u>예쁘네요</u>.

나: 네, 어머니께서 정원을 (   ) 만드셨어요.

① 바쁘게   ② 맛있게   ❸ 아름답게   ④ 재미있게

13

가: 인터넷을 신청하고 싶은데, 좀 <u>저렴하게</u> 가입할 수 있을까요?

나: 홈페이지에서 직접 신청하면 좀 더 (   ) 가입할 수 있어요.

① 쉽게

② 싸게

③ 빠르게

④ 비싸게

14

가: <u>전망</u>이 정말 좋네요. 지하철역도 가까워서 다니기 편하고요.

나: 네, 이번에 이사한 집은 공원이 한눈에 보여서 (   )이/가 좋고,
교통이 편해서 마음에 들어요.

① 경치

② 환경

③ 방향

④ 공기

 다음 대화의 (   )에 들어갈 가장 알맞은 것을 고르시오.

15

가: 저녁에 뭐 할 거예요?

나: 백화점에서 쇼핑을 (   ) 집에서 책을 읽을 거예요.

① 해서

② 하러

③ 하려면

④ 하거나

16

가: 우산이 없어요? 그럼 지하철역까지 같이 (   )?

나: 네, 고마워요.

① 쓰세요

② 썼어요

③ 쓸까요

④ 썼네요

17

① 준비하지 못해

② 준비할 수 있어

③ 준비할 것 같아

④ 준비하면 좋겠어

18

① 올게요

② 와 보세요

③ 오면 돼요

④ 올 것 같아요

19

가: 메이 씨는 제주도에 (   )?
나: 네, 지난여름에 다녀왔어요.

① 갈래요
② 가도 돼요
③ 간 적이 있어요
④ 가기 때문이에요

20

가: 한국어를 잘하고 싶은데 어떻게 해야 돼요?
나: 한국어를 (   ) 한국 사람들과 이야기를 많이 하세요.

① 잘하는데
② 잘하려면
③ 잘하느라고
④ 잘하기 때문에

21

① 하면 돼요

② 할 만해요

③ 하게 돼요

④ 해 봤어요

22

① 막잖아요

② 막냐고 했어요

③ 막을지도 몰라요

④ 막을 수밖에 없었어요

23 ① 다음 학기에 유학을 <u>가는다고 해요</u>.

② 아까 <u>신었던</u> 운동화가 더 편한 것 같아요.

③ 지금 여동생을 마중하러 공항에 <u>가는</u> 길이에요.

④ 공기가 <u>깨끗한 대신에</u> 편의 시설이 없어서 불편해요.

24 ① 백화점보다 시장이 <u>싼가요</u>?

② 이 정도 거리라면 <u>걸을 만해요</u>.

③ 손님이 오시기 전에 청소를 <u>해 놓으세요</u>.

④ 주말이라 많이 <u>바쁘실 테니까</u> 와 주셔서 감사합니다.

25

가: 2050년에는 인공지능(AI)이 인간의 능력을 뛰어넘게 될 거라면서요?

나: 인공지능의 능력뿐만 아니라 인간보다 로봇이 (   ) 전망합니다.

① 많을수록

② 많고 해서

③ 많아진다고

④ 많을 테니까

26

가: 김치볶음밥을 처음 만들어 봤어요. 맛이 어때요?

나: 아주 맛있지는 않지만 (   ).

① 먹잖아요

② 먹을 만해요

③ 먹는지 알아요

④ 먹으려던 참이에요

27
① 배탈이 나서 <u>물이나</u> 못 마셨어요.
② <u>홍수로 인해</u> 집을 잃고 말았어요.
③ <u>건강이야말로</u> 가장 중요한 것 같아요.
④ <u>저축은커녕</u> 생활비도 부족한 상황이에요.

28
① 라민 씨가 오늘 많이 <u>긴장했나 봐요</u>.
② 휴대폰이 오래됐지만 아직 <u>쓸 만해요</u>.
③ 부모님이 걱정하실까 봐 <u>잘 지내는지 몰라요</u>.
④ 물건을 사기 전에 가격 비교를 먼저 <u>하는 게 좋아요</u>.

29

저는 감기에 걸렸습니다. 열이 많이 나고 목이 아팠습니다. 그래서 선생님께 연락을 드리고 (㉠   ). 감기약을 먹고 물을 많이 마셨습니다. 그리고 푹 쉬었습니다.

① 병원을 쉬었습니다
② 학교에 안 갔습니다
③ 학교에서 시험을 봤습니다
④ 의사 선생님이 있었습니다

30

1993년부터 모든 금융 거래를 실제 본인의 이름으로 하는 금융실명제를 실시하고 있다. 그래서 자신의 계좌를 다른 사람에게 빌려주거나 다른 사람의 이름을 빌려서 계좌를 만들면 (㉠   ).

① 취소가 된다
② 처벌을 받게 된다
③ 신분증이 필요하다
④ 은행에 방문해야 한다

31

물건을 사고 난 후에 교환이나 환불을 할 때가 있습니다. 보통 물건을 구매한 지 일주일 이내에는 교환이나 환불이 (㉠   ). 그러나 일주일이 지난 후에는 교환이나 환불이 어렵습니다. 또한 영수증이 없어도 불가능합니다. 그러므로 교환이나 환불을 할 때는 반드시 영수증이 있어야 합니다.

① 복잡합니다
② 가능합니다
③ 필요합니다
④ 위험합니다

32

얼마 전까지만 해도 한국 사람들은 사회에서 인정을 받고, 직장에서 승진하고, 높은 연봉을 받는 것이 성공이라고 생각했다. 그러나 최근에는 (㉠   ) 개인의 행복이 더 중요하다고 생각하는 사람들이 많아지고 있다. 이에 따라 일과 삶의 균형을 의미하는 워라밸(work-life balance)이라는 말이 생겨났다.

① 기준보다
② 경쟁력보다
③ 사회적 성공보다
④ 창의적 발전보다

나는 지난주에 이사했다. 전에 살던 집은 지하철역과 버스 정류장이 멀어서 조금 불편했는데 이번에 이사한 집은 도보 10분 거리에 지하철과 버스 정류장이 있다. 또 마트와 식당, 카페 등 편의 시설도 많다. 집 근처에는 공원이 있어서 산책도 할 수 있다. 이사한 집은 창문이 커서 공원이 잘 보이는 데다가 (㉠   )이 잘 들어와서 빨래가 잘 마른다. 이 집으로 이사 오기를 잘한 것 같다.

33 ㉠이 가리키는 것은?

① 햇빛

② 전망

③ 난방

④ 소음

34 윗글의 내용과 같은 것은?

① 이사한 집은 역세권이다.

② 이사한 집은 신축 건물이다.

③ 이사한 집은 풀 옵션 원룸이다.

④ 이사한 집은 층간 소음이 있다.

 다음 질문에 답하시오.

35 다음 글의 내용과 같은 것은?

요즘 현대인들은 편의점 음식을 많이 먹는다. 왜냐하면 편의점에는 삼각김밥이나 도시락, 샌드위치 등 간편하게 먹을 수 있는 음식이 많기 때문이다. 이러한 편의점 음식은 이미 조리가 되어 있어 전자레인지에 30초 정도만 데우면 바로 먹을 수 있기 때문에 바쁜 현대인들에게 큰 인기를 얻고 있다. 또 편의점은 24시간 문이 열려 있어서 늦은 밤이나 새벽에도 쉽게 음식을 구입할 수 있다.

① 24시간 문을 여는 편의점을 찾기 어렵다.
② 요즘 사람들은 편의점 음식을 많이 찾는다.
③ 편의점에서 구입한 음식은 30초 안에 먹어야 한다.
④ 편의점 음식은 새벽에 가면 할인된 가격으로 살 수 있다.

36 다음 글의 내용과 같은 것은?

최근 비타민D가 부족한 환자가 많아졌다. 비타민D는 음식이나 햇빛으로 흡수할 수 있다. 따라서 비타민D가 부족한 환자는 일주일에 3~4회, 30분 정도 햇빛을 받는 것이 좋다. 여름에는 오전 11시 이전과 오후 5시 이후에 각각 20분, 겨울에는 햇빛이 가장 강한 낮 12시부터 30분 정도만 산책을 해도 하루에 필요한 비타민D가 채워진다.

① 비타민D 부족은 빠른 치료가 필요하다.
② 겨울에는 강한 햇빛을 피해 산책하는 것이 좋다.
③ 비타민D는 햇빛을 받는 것으로 충분히 생성할 수 있다.
④ 여름에는 오전 11시에서 오후 5시 사이에 햇빛을 받아야 한다.

37 다음 글의 중심 내용으로 알맞은 것은?

> 한국에 온 유학생들은 갑작스러운 생활의 변화로 스트레스를 많이 받는다고 한다. 그러나 변화는 우리가 살면서 피할 수 없는 반면 새로운 것을 경험할 수 있는 기회이기 때문에 이러한 변화를 긍정적으로 받아들이려는 노력이 필요하다. 즉, 변화를 스트레스로 생각하기보다 자신의 미래를 위한 하나의 과정이나 기회라고 생각하는 것이 좋다.

① 우리는 새로운 경험을 해야 한다.
② 변화는 우리에게 스트레스를 준다.
③ 변화를 받아들이려는 태도를 갖는 것이 좋다.
④ 미래를 생각하는 사람은 과정과 기회도 생각해야 한다.

38 다음 글의 제목으로 알맞은 것은?

> 외국에서는 주로 자신이 가지고 있는 물건이나 인간관계를 나타낼 때 '나의' 또는 '내'라고 표현한다. 그래서 가까운 친구나 가족, 물건을 얘기할 때 나의 책 또는 내 친구라고 말한다. 그런데 한국에서는 가족, 회사, 집 등을 말할 때 '우리'를 사용해서 우리 가족, 우리 회사, 우리 집이라고 한다. 한국 사람들은 공동체를 중요하게 생각하기 때문에 '나'보다 '우리'라는 표현을 많이 사용한다.

① 한국의 '우리' 문화
② 우리 가족 소개하기
③ '우리'라는 표현의 특징
④ 인간관계를 나타내는 방법

 다음 질문에 답하시오.

39 현실형(R)의 성격과 직업군이 <u>아닌</u> 것은?

① 분명하고 질서 있는 것을 좋아한다.

② 신중하고 솔직하며 고집이 센 편이다.

③ 관찰하는 것과 지적인 활동을 좋아하며 독립적이다.

④ 기술자, 농부, 군인, 경찰, 운동선수 등의 직업이 어울린다.

40 정월 대보름에 먹는 음식은?

① 송편

② 팥죽

③ 부럼

④ 떡국

41 병원 진료 후 약국에서 약을 받기 위하여 보여줘야 하는 것은?

① 영수증

② 처방전

③ 증명서

④ 진료기록

42 이민자를 대상으로 하는 상담 기관의 이름과 하는 일이 <u>잘못</u> 연결된 것은?

① 다문화가족지원센터 – 주로 가족 상담을 진행한다.

② 외국인노동자지원센터 – 그들의 모국어로 상담해 준다.

③ 서울글로벌센터 – 한국 생활 및 취업과 관련된 문제를 상담해 준다.

④ 다문화이주민플러스센터 – 사회통합프로그램 시험과 관련된 상담을 해 준다.

43 고령화로 발생하는 문제점으로 옳지 <u>않은</u> 것은?

① 교통 체증

② 노인 건강 문제

③ 노동 인구 감소

④ 사회복지 부담 증가

44 다음 중 단오에 대한 설명이 <u>아닌</u> 것은?

① 음력 5월 5일이다.

② 창포물에 머리를 감는 풍습이 있다.

③ 친척들이 모여서 윷놀이를 하거나 쥐불놀이를 한다.

④ 마을 공동체 신앙을 바탕으로 풍년과 지역의 안전을 기원한다.

45 한국의 면접 문화에 대한 설명으로 맞지 <u>않는</u> 것은?

① 단정한 옷차림을 하고 면접을 하는 것이 좋다.

② 질문을 알아듣지 못 하더라도 아는 척을 하는 것이 좋다.

③ 한국의 면접관은 다른 직원들과 어울리는 능력도 중요하게 본다.

④ 면접을 볼 때 회사에 자신을 맞출 준비가 되어 있음을 나타내는 것이 좋다.

46 국민 건강 보험 제도에 대한 설명으로 맞지 <u>않는</u> 것은?

① 소득이나 재산에 상관없이 가입자는 똑같은 보험 서비스를 받는다.

② 높은 병원비로 경제적 부담을 갖게 되는 것을 방지하기 위해 실시한다.

③ 개인이나 가족 단위로 가입하고 국민 모두가 같은 금액의 보험료를 낸다.

④ 한국에 6개월 이상 거주하는 외국인이나 재외 동포는 가입 자격을 갖는다.

47 다음 글의 ㉠과 ㉡에 들어갈 말로 알맞은 것은?

> 　온돌은 한국의 전통적인 난방 문화로 한국인의 생활과 밀접하게 연결되어 있다. 온돌은 '(　㉠　) 돌'이라는 뜻으로, 돌을 이용해 바닥에 열을 전달하는 난방 방식이다. 온돌의 구조는 바닥에 설치된 큰 돌판을 뜻하는 구들장과 방 밖에 설치된 화덕인 아궁이, 아궁이와 방 사이에 설치된 공간인 구들, 연기를 배출하는 (　㉡　)으로 이루어져 있다. 이러한 구조로 인해 열이 바닥을 통해 직접 전달되므로 난방 효율이 높다는 장점이 있다.

	㉠	㉡
①	따뜻한	굴뚝
②	차가운	한옥
③	따뜻한	한옥
④	차가운	굴뚝

48 다음 글의 내용과 <u>다른</u> 것은?

> 　명당이란 무덤이나 집터 또는 마을의 입지를 정할 때 가장 이상적으로 여겨지는 공간을 말한다. 특히 한국 사람들은 삶의 대부분을 집에서 지내므로 명당으로 여겨지는 공간 위에 집을 짓기 원한다. 뒤에 산이 있고, 앞에 물이 흐르면 '배산임수'라고 하여 좋은 위치라고 생각했다. 그리고 해가 오래 드는 남쪽으로 집의 방향이나 대문을 지었다. 그래서 요즘도 집을 구하거나 지을 때 배산임수와 남향집은 인기가 많다.

① 한국 사람들은 무덤이나 집터를 정할 때 좋은 자리를 찾으려고 한다.
② 한국 사람들은 무덤을 정하거나 집을 짓기 위해 남쪽으로 가기를 원한다.
③ 한국 사람들은 집 뒤에 산이 있고 집 앞에 물이 흐르면 좋다고 생각한다.
④ 한국 사람들은 현대에 와서도 남쪽으로 향한 집을 좋은 집이라고 생각한다.

49

가: 온수를 사용하려고 하는데 보일러가 작동을 안 해요.

나: 전원은 잘 연결이 되어 있나요?

가: 네, 경고등이 켜지고 (   ) 물이 안 나와요.

나: 주소와 전화번호를 알려주시면 서비스 기사한테 연락드리라고 하겠습니다.

50

　　요즘 길이나 공원에서 자전거를 타는 사람을 많이 볼 수 있습니다. 자전거를 타면 건강도 (   ) 공기도 깨끗해집니다. 여러분도 학교나 회사에 갈 때 자전거를 타 보세요.

01-02

　　매년 5월 20일은 '세계인의 날'로 이날은 2007년에 제정된 후, 외국인과 한국인이 다양한 행사와 프로그램을 통해 함께 어울려 서로의 문화를 이해하는 사회를 만들기 위한 날이다. 세계인의 날에는 축하 공연, 전시회, 다양한 체험 공간, 세계 민속 공연, 사진 공모전 등 여러 행사가 개최된다. 또한, 다문화 교육, 언어 교환 프로그램, 다문화 가정 지원 강좌 등의 교육 프로그램도 진행되고, 외국인과 한국인이 함께 참여하는 봉사활동, 스포츠 대회 등의 여러 커뮤니티 활동도 열린다.

01　위의 글을 소리 내어 읽어 보세요.

02　1) 세계인의 날은 언제예요?

　　　2) 세계인의 날은 어떤 날이에요?

　　　3) 세계인의 날에는 어떤 행사를 해요?

03　1) ______ 씨가 한국에서 경험한 행사에 대해 말해 보세요.

　　　2) ______ 씨는 친구와 같이 가고 싶은 행사가 있는지 말해 보세요.

04　1) 한국은 명절에 다양한 전통놀이를 즐깁니다. 한국의 대표 명절인 설날과 추석에 즐기는 전통놀이에 대해 아는 대로 말해 보세요.

　　　2) ______ 씨 고향의 명절에는 어떤 전통놀이를 하는지 소개해 주세요.

05　1) 한국의 저출산(저출생)과 고령화로 발생되는 문제에 대해 말해 보세요.

　　　2) 한국의 저출산(저출생)과 고령화에 대한 해결 방법을 말해 보세요.

실전 모의고사

시험 시간: 60분(객관식 + 주관식) | 정답 및 해설 p.244

01–02 다음 질문에 답하시오.

01 이 사람은 지금 뭐 해요?

① 옷을 사요.
② 청소를 해요.
③ 친구를 만나요.
④ 커피를 마셔요.

02 다음 (   )에 들어갈 말로 알맞은 것은?

저는 라면(   ) 김밥을 더 좋아해요.

① 이
② 을
③ 보다
④ 처럼

 다음 〈보기〉를 참고하여 밑줄 친 부분과 의미가 <u>반대인</u> 것을 고르시오.

보기

가: 방에 컴퓨터가 <u>있어요</u>?
나: 아니요, (　　　　　).

① 많아요　　　　② 적어요　　　　③ 좋아요　　　❹ 없어요

03

가: 학교가 <u>멀어요</u>?
나: 아니요, (　　　　　).

① 커요
② 맛있어요
③ 가까워요
④ 재미있어요

04

가: <u>평일</u>에도 한국어를 배워요?
나: 아니요, (　　　　　)에만 배워요.

① 휴일
② 방학
③ 주말
④ 오후

05

> 가: 모두 합해서 얼마예요?
>
> 나: 공책 세 (   )과 지우개 한 개는 총 오천 원이에요.

① 명

② 장

③ 잔

④ 권

06

> 가: 여기 게시판을 보세요. 이 회사에서 직원을 (   ).
>
> 나: 그래요? 정말 그러네요.

① 채용하네요

② 참가하네요

③ 신청하네요

④ 작성하네요

 다음 밑줄 친 부분과 의미가 <u>반대</u>인 것을 고르시오.

07

> 가: 라흐만 씨가 일하는 모습을 보면 성격이 좀 <u>느긋한</u> 것 같아요.
>
> 나: 아니에요. 평소에는 얼마나 (　　　　　) 몰라요.

① 편한지

② 급한지

③ 다정한지

④ 꼼꼼한지

08

> 가: 저는 그 의견에 <u>반대하는</u> 입장입니다.
>
> 나: 혹시 이 의견에 (　　　　　) 분 안 계십니까?

① 금지하는

② 찬성하는

③ 걱정하는

④ 거절하는

 다음 (   )에 들어갈 가장 알맞은 것을 고르시오.

09

화장실에 변기가 (   ) 물이 잘 내려가지 않네요.

① 막혀서
② 잠겨서
③ 나가서
④ 고쳐서

10

추석에는 가족과 함께 송편을 (   ).

① 보내요
② 빌어요
③ 지내요
④ 빚어요

요리가 완성되면 그릇에 예쁘게 (   ).

① 섞으세요
② 비비세요
③ 무치세요
④ 담으세요

12

(   )은 국가의 제도 속에서 이루어지는 교육을 말한다.

① 사교육
② 교육열
③ 공교육
④ 주입식

보기

> 가: 정원이 진짜 <u>예쁘네요</u>.
>
> 나: 네, 어머니께서 정원을 (　　　　　) 만드셨어요.

① 바쁘게　　　　② 맛있게　　　　❸ 아름답게　　　　④ 재미있게

13

가: 우산을 갖고 다니기가 <u>번거롭지</u> 않아요?

나: 네. 갖고 다니기가 너무 (　　　　　) 집에 놓고 오려고요.

① 불안해서
② 귀찮아서
③ 어려워서
④ 힘들어서

14

가: 한국어를 잘하지 못해서 한국 생활이 정말 어려웠지만 잘 <u>견뎠어요</u>.

나: 정말 대단해요. 어떻게 (　　　　　)?

① 지냈어요
② 버텼어요
③ 노력했어요
④ 성공했어요

15

가: 어제는 일교차가 너무 (   )?
나: 네, 그래서 감기에 걸렸어요.

① 크세요
② 컸네요
③ 클까요
④ 컸지요

16

가: 왜 아침을 안 먹었어요?
나: 먹고 싶었지만 시간이 없어서 (   ).

① 먹지 마세요
② 못 먹었어요
③ 먹어 주세요
④ 먹고 싶어요

17

① 했어요

② 할 거예요

③ 하고 있어요

④ 한 적이 있어요

18

① 불황치고

② 불황은커녕

③ 불황이야말로

④ 불황으로 인해

19

가: 오늘 점심에 떡볶이를 먹을까요?

나: 저는 매운 음식을 좋아하지 않아서 (   ).

① 먹지 못해요

② 먹지 마세요

③ 먹지 못할 거예요

④ 먹고 싶지 않아요

20

가: 한국 사람들은 모두 김치를 잘 먹어요?

나: 한국 사람(   ) 김치를 싫어하는 사람은 없을 거예요.

① 치고

② 조차

③ 만큼

④ 밖에

21

가: 연말 공연은 예매했어요?

나: 그 연말 공연은 예매를 (　　　　　　) 매진이에요.

① 시작할수록

② 시작이야말로

③ 시작하느라고

④ 시작하자마자

22

가: 웹사이트(website) 비밀번호를 잊어버렸어요?

나: 네, 오랫동안 사용하지 않아서 비밀번호를 (　　　　　　).

① 잊을 거예요

② 잊은 척 했어요

③ 잊어버리고 말았어요

④ 잊어버릴 것 같은데요

23　① 학교까지 조금 멀지만 걸어 다닐 만해요.

　② 제가 청소하느라고 아이들을 좀 봐 주세요.

　③ 버스 정류장에 도착하자마자 버스가 왔어요.

　④ 어머니 생신 선물로 무엇이 좋은지 모르겠어요.

24　① 물을 끓이려고 가스 불을 켜 놓았어요.

　② 친구가 자신감을 갖도록 격려해 줘야 해요.

　③ 실패를 두려워한 나머지 도전조차 하지 못했다.

　④ 지난주에 친구와 같이 가는 데다가 식당이 맛있었어요.

25

가: 라면 먹을래?

나: 좋아요. 그렇지 않아도 출출해서 뭔가를 (   ).

① 먹나 봐요

② 먹게 했어요

③ 먹을 줄 몰랐어요

④ 먹으려던 참이었어요

26

가: 지금 읽고 있는 책은 어때요? 재미있어요?

나: 네, 이 책은 (   ) 정말 재미있어요.

① 읽든지

② 읽으면서

③ 읽을수록

④ 읽다시피

27-28 다음 밑줄 친 부분이 **틀린** 것을 고르시오.

27

① 숙제하기 싫어서 <u>아픈 척했어요</u>.

② 기능이 다양하고 속도가 <u>빠르면 돼요</u>.

③ 버스를 타려고 뛰어갔지만 <u>놓치고 말았어요</u>.

④ 어렸을 때는 밤에 야식을 자주 <u>먹곤 했어요</u>.

28

① 간식은 <u>먹되</u> 지나치게 먹지 마라.

② <u>힘들수록</u> 더 잘 챙겨 먹어야 한다.

③ 아침에 늦게 <u>일어나면서</u> 밥을 못 먹었다.

④ 숙제의 양이 <u>많을 뿐만</u> 아니라 내용도 어려웠다.

 다음을 읽고 ⊙에 가장 알맞은 것을 고르시오.

29

람흐 씨는 감기에 걸렸어요. 목이 많이 아파서 목감기에 좋다는 생강차를 자주 마셨지만 (⊙). 의사 선생님께서는 약을 먹고 푹 쉬라고 했어요. 그래서 람흐 씨는 오늘 출근을 하지 않고 집에서 쉴 거예요.

① 생강차는 감기에 안 좋아요
② 감기가 나아서 회사에 갔어요
③ 계속 아파서 이비인후과에 갔어요
④ 생강차를 마셔서 이제 아프지 않아요

30

다양한 방법으로 환경 보호에 힘쓰는 기업이 많아지고 있다. 한 자동차 회사는 분리수거함에 점수판을 설치해 분리수거를 제대로 할 때마다 높은 점수를 줘서 (⊙).

① 쓰레기를 줄이고 있다
② 높은 점수를 받도록 유도하고 있다
③ 회사가 칭찬을 해줘야 한다고 했다
④ 적극적인 분리수거에 동참하도록 하고 있다

31

스마트폰은 '내 손 안의 컴퓨터'와 같다. 왜냐하면 스마트폰으로 사진을 보낼 수도 있고, 내가 듣고 싶은 음악을 들을 수도 있고, 다른 사람과 연락을 주고받을 수도 있기 때문이다. 그리고 요즘은 (㉠   ) 은행 업무를 보기도 쉬워졌다. 이처럼 스마트폰은 우리 생활을 편리하게 만들어 준다.

① 영상 통화를 통해

② 사생활이 노출되어

③ 인터넷 뱅킹도 가능하여

④ 스마트폰 의존도가 높아서

32

속담은 인생에 대한 가르침을 간결하게 표현하는 말이다. 속담은 오랜 인생 경험을 통해 얻은 교훈으로, 그 안에는 한국인의 (㉠   ). 한국 속담 중에는 특히 '말(言)'과 관련된 속담이 많은데 현대인들에게도 아주 친숙하게 사용되고 있다.

① 동문서답을 한다

② 발음과 억양을 알 수 있다

③ 표준어와 사투리를 사용한다

④ 사고방식과 행동양식이 담겨 있다

판매자가 식품 등의 제품을 소비자에게 팔 수 있는 날짜를 '유통 기한'이라고 한다. 유통 기한은 년, 월, 일로 표시하며 식품에 따라서는 시간까지 표시하기도 한다. 예전에는 이러한 유통 기한이 지나면 상하지 않은 제품이라도 먹을 수 없었다. 그러나 최근에는 유통 기한이 지나도 일정 기간 동안 음식을 먹을 수 있는 (㉠)을 표시하고 있다. 제품에 따른 보관 방법만 잘 지킨다면 유통 기한이 지나도 음식을 먹을 수 있어서 아깝게 제품을 버리는 일을 줄일 수 있기 때문이다.

33 ㉠이 가리키는 것은?

① 판매 기한

② 유통 기한

③ 소비 기한

④ 보관 기한

34 윗글의 내용과 같은 것은?

① 소비자는 유통 기한을 반드시 지켜야 한다.

② 유통 기한이 지난 음식은 아까워도 버려야 한다.

③ 판매자는 유통 기한이 지나도 제품을 팔 수 있다.

④ 유통 기한이 지나도 일정 기간 동안 제품을 먹을 수 있다.

35 다음 글의 내용과 같은 것은?

부모나 형제, 배우자나 자녀 없이 혼자 사는 사람을 '1인 가구'라고 한다. 최근 한국에서는 1인 가구가 빠르게 증가하고 있다. 이는 취업과 결혼이 늦어지면서 혼자 사는 사람이 많아졌기 때문이며, 노인 인구가 증가하는 고령화 현상도 주요 원인으로 작용하고 있다. 1인 가구가 증가하면서 우리 사회에는 크고, 작은 변화가 나타나고 있는데, 이러한 변화에 맞춰 정부의 지원 정책도 함께 확대될 필요가 있다.

① 1인 가구를 위한 서비스를 실시하고 있다.
② 1인 가구의 증가로 취업이 늦어지고 있다.
③ 1인 가구의 증가 원인은 저출산과 고령화이다.
④ 1인 가구를 위한 정책이 확대되어야 할 것이다.

36 다음 글의 내용과 같은 것은?

매년 5월 셋째 주 월요일은 성년의 날로, 이날은 만 19세가 되는 사람들이 성인이 되었음을 알리고 축하해 주는 특별한 날이다. 성년의 날이 되면 친구들끼리 선물을 주고받으며 서로를 축하하는데, 성인이 된 만큼 성인으로서의 권리와 의무, 책임도 더욱 갖춰야 할 것이다.

① 성년의 날은 매달 셋째 주 월요일이다.
② 만 19세가 된 젊은이들에게 성년의 날은 특별하다.
③ 성년의 날에 선물을 주고받는 게 권리이자 의무이다.
④ 만 19세가 되면 의무적으로 성년의 날에 참석해야 한다.

37 다음 글의 중심 내용으로 알맞은 것은?

> 인터넷의 발달로 더욱 다양한 방법으로 공연 정보를 쉽게 찾아볼 수 있게 되었다. 그중 문화 포털 사이트는 공연 정보를 한데 모아 놓은 사이트인데, 문화 포털에서는 회원가입만 하면 언제, 어디서든지 공연 정보를 확인할 수 있다. 또한 회원들이 남긴 공연 후기도 볼 수 있어서 공연을 선택하기 전에 참고할 수 있다.

① 공연 정보를 찾는 방법이 다양해졌다.
② 문화포털이 아니면 공연 정보를 찾을 수 없다.
③ 문화포털에서 공연 후기만 봐도 공연을 예매할 수 있다.
④ 문화포털을 이용하려면 돈을 내고 회원 가입을 해야 한다.

38 다음 글의 제목으로 알맞은 것은?

> 누구나 걸릴 수 있는 주요 질병 중에서 암이나 고혈압, 당뇨병 등은 특히 현대인이 많이 걸리는 질병이다. 이 질병들은 잘못된 생활 습관과 밀접한 관련이 있다. 그러므로 질병에 걸리지 않으려면 규칙적인 식사와 충분한 물 섭취, 꾸준한 운동 등 생활 습관을 바꿔야 한다.

① 질병을 치료하는 방법
② 규칙적인 식사의 중요성
③ 생활 습관과 질병의 관계
④ 현대인들이 시달리는 질병

39 다음 (　　)에 들어갈 말로 알맞은 것은?

> 대부분의 한국 직장에서는 월요일부터 금요일까지 일하는 (　　　　　)를 실시하고 있다.

① 시간제
② 반일제
③ 주5일제
④ 특별근로제

40 다음 (　　)에 들어갈 말로 알맞은 것은?

> 가: 나라마다 그 나라를 대표하는 국가가 있지요?
> 나: 네, 한국은 (　　　　　)(이)라고 하는데 '나라를 사랑하는 마음을 담은 노래'라는 뜻이에요.

① 민요
② 아리랑
③ 애국가
④ 판소리

41 다음 중 경범죄가 <u>아닌</u> 것은?

① 폭력

② 무단 침입

③ 쓰레기 무단 투기

④ 음주 소란 및 인근 소란

42 다음 (   )에 들어갈 말로 알맞은 것은?

① 의료급여

② 긴급복지

③ 보험급여

④ 공공부조

43 법으로 분쟁을 해결하고 권리를 보호하는 대표적인 방법은?

① 상담

② 검사

③ 약속

④ 소송

44 다음 (   )에 들어갈 말로 알맞은 것은?

> 사람과 사람 사이에 무엇을 주고받을지 정하여 두는 것을 (   )이라고 한다.

① 계약

② 협력

③ 서명

④ 책임

45 국가인권위원회의 역할로 옳은 것은?

① 소송을 통한 재판을 담당한다.

② 이민자를 위한 독립된 전문 기관이다.

③ 국민들의 범죄 사건에 대해 수사를 진행한다.

④ 인권 침해에 대한 상담, 조사, 구제 역할을 한다.

46 보육료 지원 제도와 관련이 있는 것은?

① 국민연금

② 사회보험

③ 국민행복카드

④ 국민내일배움카드

47

다음 글의 ㉠과 ㉡에 들어갈 말로 알맞은 것은?

> 최근 반려견을 키우는 인구가 증가함과 동시에 반려견에게 물리는 사고도 여러 건 발생하고 있다. 이는 반려견의 안전관리에 신경을 쓰지 않아 일어나는 사고인데 순식간에 큰 사고로 이어지는 경우가 많다. 그러므로 (㉠   )를 예방하기 위해서 반려견을 기르는 사람은 반려견의 (㉡   ) 착용을 의무화해야 하고, 입마개로 입을 가리는 등 안전관리에 더욱 신경을 써야 한다.

	㉠	㉡
①	충돌 사고	힘줄
②	물림 사고	목줄
③	충돌 사고	목줄
④	물림 사고	힘줄

48

다음 글의 내용과 <u>다른</u> 것은?

> 최근 보이스 피싱이나 메신저 피싱 등의 사이버 피해가 증가하며 경제적 손해를 입는 경우가 많이 발생하고 있다. 이러한 피싱에 피해를 입지 않으려면 모르는 번호로 전화가 왔을 때는 받지 않는 것이 좋으며, 의심되는 메일이나 문자를 받았을 때는 내용에 포함된 링크를 함부로 클릭하지 않는 것이 좋다. 피싱으로 의심될 때는 경찰청이나 금융감독원에 신고하여 더 큰 피해가 발생하지 않도록 해야 한다.

① 최근 사이버 범죄 피해자가 늘어나고 있다.

② 사이버 피해를 줄이기 위해서는 스마트폰 사용을 금지해야 한다.

③ 보이스 피싱이나 메신저 피싱 등으로 돈을 잃는 피해가 일어나고 있다.

④ 메일이나 문자 메시지에 포함된 링크는 열지 말고 경찰청에 신고해야 한다.

 다음을 읽고 (   )에 들어갈 가장 알맞은 것을 쓰시오.

49

　전자 제품에 문제가 생겼을 때는 (　　　　　　)(으)로 전화하시면 됩니다. 휴일에도 상담 직원이 친절하게 안내해 드리고 있고, 상담 기관이 지역별로 있기 때문에 필요한 도움을 드릴 수 있습니다.

50

　(　　　　　　)은/는 한국의 민요 중 가장 유명하며 한국인의 정서, 한을 대변한다. 또한, 함께 따라 부르기가 쉽고, 가사와 장단을 자유롭게 바꿀 수 있어서 지역마다 다른 느낌으로 전해져 온다.

01–02

　한국에서는 배달 앱(App)을 이용해 음식을 주문하는 사람이 많습니다. 배달 앱은 한눈에 여러 식당의 메뉴를 비교할 수 있고, 실시간 배달 확인 및 할인 혜택까지 받을 수 있습니다. 사용 방법은 먼저 앱에서 원하는 음식 종류를 선택한 후, '주문하기'를 누릅니다. 다음으로 주소와 연락처를 입력하고 결제를 진행하면 됩니다. 결제는 앱에서 카드로 할 수도 있고, 배달원에게 현금으로 지불할 수도 있습니다. 이렇게 편리한 배달 앱은 현대인의 생활 속에 깊이 자리 잡았으며, 시장 규모도 점차 커지고 있습니다.

01　위의 글을 소리 내어 읽어 보세요.

02　1) 한국 사람들은 어떻게 음식을 주문해요?

　　2) 배달 앱으로 주문할 때 결제는 어떻게 해요?

03　1) ＿＿＿＿＿ 씨가 한국에서 배달 앱으로 음식을 주문한 경험을 말해 보세요.

　　2) ＿＿＿＿＿ 씨 고향에서는 어떤 방법으로 음식을 주문하는지 말해 보세요.

04　1) 현대인의 지나친 인터넷 사용과 스마트폰의 의존으로 나타나는 문제점을 말해 보세요.

　　2) 인터넷과 스마트폰의 바람직한 사용 방법에 대해 말해 보세요.

05　1) 한국에는 어떤 선거가 있어요? 선거를 할 때 중요한 점은 무엇인지 말해 보세요.

　　2) 정치와 관련하여 고향에서는 어떤 방법으로 국민의 의사를 표현할 수 있는지 말해 보세요.

[illegible]

[illegible]

[illegible]

[illegible]

[illegible]

[illegible]

[illegible]

[illegible]

[illegible]

[illegible]

제3편

정답 및 해설

제1회 정답 및 해설
제2회 정답 및 해설
제3회 정답 및 해설
제4회 정답 및 해설
제5회 정답 및 해설

정답 및 해설

※ 이 책에 사용된 기호: Ⓥ 동사, Verb, 动词　Ⓐ 형용사, Adjective, 形容词　Ⓝ 명사, Noun, 名词

빨리 보는 정답

01	02	03	04	05	06	07	08	09	10
②	③	③	②	①	③	④	③	②	④
11	12	13	14	15	16	17	18	19	20
③	①	①	②	③	①	②	④	③	①
21	22	23	24	25	26	27	28	29	30
②	③	①	①	④	④	④	③	①	②
31	32	33	34	35	36	37	38	39	40
②	④	④	①	②	③	③	②	①	②
41	42	43	44	45	46	47	48		
④	②	②	①	②	②	④	④		
49					50				
(학교)생활기록부					일어날 정도로 / 일어날 만큼				

01　정답 ②

사진 속의 물건은 시간을 나타내는 기계이므로, 정답은 '시계'이다.

Since the item in the picture is a device that tells time, the correct answer is "clock."

照片中的物品是用来显示时间的装置，因此答案是"钟表"。

02　정답 ③

Ⓝ + 로: 방향, 이유, 수단이나 도구 등을 나타낼 때 사용한다.

The grammar is used to indicate direction, reason, means, or tools.

用于表示方向、原因、方法等工具。

03 정답 ③

① 많다, many/much, 多 ↔ 적다, few/little, 少
② 쉽다, easy, 容易 ↔ 어렵다, difficult, 困难
③ 나쁘다, bad, 坏 ↔ 좋다, good, 好
④ 비싸다, expensive, 贵 ↔ 싸다, cheap, 便宜

04 정답 ②

① 좋다, good, 好 ↔ 나쁘다, bad, 坏
② 비싸다, expensive, 贵 ↔ 싸다, cheap, 便宜
③ 예쁘다, pretty, 漂亮 ↔ 못생기다, ugly, 不好看
④ 많다, many/much, 多 ↔ 적다, few/little, 少

05 정답 ①

① 해열제: 열이 날 때 먹는 약
② 두통약: 머리가 아플 때 먹는 약
③ 소화제: 소화가 안 될 때 먹는 약
④ 소독약: 감염이나 전염을 예방하는 소독을 할 때 사용하는 약

① Fever reducer: medicine taken for a fever.

退烧药：发烧时吃的药

② Headache medicine: medicine taken for a headache.

头痛药：头痛时吃的药

③ Digestive medicine: medicine taken for indigestion.

消化药：消化不良时吃的药

④ Disinfectant: disinfectant used to prevent infection or contagion.

消毒药：防止感染或传染时使用的药

06 정답 ③

아직: 어떤 일이나 상태가 되기까지 시간이 더 지나야 하거나 어떤 일이나 상태가 끝나지 않고 계속 이어질 때 사용한다.

Yet: it is used when more time is required, or when a situation continues.

还：表示某事发生的状态需要更长时间，或者某事尚未结束并且会继续时使用。

07 정답 ④

① 내리다, to get off, 下 ↔ 타다, to get on, 上
② 보내다, to send, 发送 ↔ 받다, to take, 接收
③ 들어가다, to go in, 进入 ↔ 나가다, to go out, 出去
④ 올라가다, to go up, 上去 ↔ 내려가다, to go down, 下去

08 정답 ③

① 깨끗하다, clean, 干净 ↔ 더럽다, dirty, 脏
② 복잡하다, crowded, 复杂 ↔ 한적하다, quiet/peaceful, 清静
③ 조용하다, quiet, 安静 ↔ 시끄럽다, noisy, 吵闹
④ 편리하다, convenient, 方便 ↔ 불편하다, inconvenient, 不方便

09 정답 ②

건강 상태를 검사하는 건강 검진을 받으려면 보건소나 병원에 가야 한다.

To receive a health checkup that examines your health condition, you need to go to a public health center or a hospital.

检查健康状况并接受健康检查时，需要去保健所或医院。

10 정답 ④

고향에 계신 아버지가 아프시다는 내용이 나오므로 걱정되고 슬픈 감정인 '우울하다' 가 적절하다.

Since it mentions that my father in my hometown is sick, the correct answer is "depressed," which expresses a feeling of worry and sadness.

描述在家乡的父亲生病时出现的担忧与悲伤情绪，用"忧郁"最恰当。

11 정답 ③

① 찍다: 바닥에 대고 눌러서 자국을 내다.
② 보내다: 사람이나 물건 등을 다른 곳으로 가게 하다.
③ 붙이다: 서로 맞닿아서 떨어지지 않게 하다.
④ 바꾸다: 원래 있던 것을 없애고 다른 것으로 채워 넣거나 대신하게 하다.

① Stamp: to press something against a surface and leave a mark

印：放到地上然后按压产生痕迹。

② Spend: to send a person or thing to another place

送：把人或物送到另一个地方。

③ Attach: to put things together so that they touch and do not come apart

贴：互相贴合，不分开。

④ Replace: to remove what was there and fill or replace it with something else

换：原本的东西消失，用其他东西替代。

12 정답 ①

① 자신감: 어떤 일을 스스로 충분히 해낼 수 있다고 믿는 마음
② 두려움: 겁나고 무서운 마음
③ 외로움: 혼자 있는 것 같은 쓸쓸한 느낌
④ 생소함: 처음 보거나 듣는 것이어서 익숙하지 않은 느낌

① Confidence: the feeling of believing you can do something well by yourself

自信：相信自己能够充分完成某事的心态

② Fear: the feeling of being scared and frightened

害怕：害怕、恐惧的心情

③ Loneliness: a sad feeling of being as if you were alone

孤独：感到孤单的感觉

④ Unfamiliarity: the feeling of something being new or not familiar because you see or hear it for the first time

生疏：初次看到或听到，不熟悉的感觉

13 정답 ①

'물려주다'와 비슷한 단어는 '전승하다'이다.

A word similar to "물려주다" is "전승하다."

与 "물려주다(遗赠、遗留)" 相似的单词是 "전승하다(传承)"。

전승하다: 이어받아 계승하다, 물려주어 잇게 하다.

Pass down: to carry something on by receiving it and continuing it, to hand it down so that it is preserved

传承：继承给别人。

14　정답 ②

'떨어지다'와 비슷한 단어는 '저하되다'이다.
A word similar to "떨어지다" is "저하되다."
与 "떨어지다(掉落)" 相似的单词是 "저하되다(下滑)"。

시력이 떨어지다: 시력이 나빠지다.
Have a reduced sense of sight: eyesight is declining.
视力下降：视力变差了。

15　정답 ③

Ⓥ + -(으)ㄹ 거예요: 미래의 일이나 계획을 말할 때 사용한다.
The grammar is used to express future plans or intentions.
用于表示未来的事情或计划。

예 다음 주에 가족과 일본에 갈 거예요.

16　정답 ①

Ⓥ + -(으)러 가다/오다/다니다: 이동의 목적을 나타낼 때 사용한다.
The grammar is used to show the purpose of movement.
用于表示去做某个动作的目的。

예 내일 친구와 야구를 보러 야구장에 가기로 했어요.

17　정답 ②

Ⓥ/Ⓐ + -(으)ㄴ/는데: 뒤에 이어지는 내용에 대한 상황을 설명할 때 사용한다.
The grammar is used to explain the situation of what follows.
用于说明后续内容的情况。

예 이 옷은 예쁜데 얇아서 지금 입기에는 추워.

18　정답 ④

Ⓥ + -(으)ㄴ 다음에: 어떤 행위를 먼저 한 후에 뒤의 행위를 나타낼 때 사용한다.
The grammar is used to indicate that one action happens after another.
用于表示先进行某个动作，然后再进行后续动作。

예 발음을 잘 들은 다음에 따라해 보세요.

19 정답 ③

Ⓥ/Ⓐ/Ⓝ '이다' + −아/어야 되다/하다: 어떤 행동을 해야 할 의무가 있거나 필요가 있을 때 사용한다.

The grammar is used to express obligation or necessity.

用于表示必须做某个动作或有必要做某件事。

⓪ 자기 전에 잊지 말고 약을 <u>먹어야 돼</u>.

20 정답 ①

Ⓥ + −아/어 보다: 과거의 사건이나 경험을 말할 때 사용한다.

The grammar is used to talk about past events or experiences.

用于叙述过去的事件或经验。

⓪ 해외는커녕 제주도도 못 <u>가 봤어</u>.

21 정답 ②

Ⓝ + 밖에: '그것 말고는'의 뜻을 나타내며, 예상보다 작거나 적을 때 사용한다.

The grammar is used to mean "nothing but that," usually indicating a smaller or lesser amount than expected.

表示"只有…"，用于表示预计之外的数量很少。

⓪ 이번 달에 경조사비가 많이 나가서 생활비가 <u>3만 원밖에</u> 안 남았어요.

22 정답 ③

Ⓥ + −(으)ㄹ 줄 알다/모르다: 어떤 일을 할 방법이나 능력이 있음(혹은 없음)을 나타낼 때 사용한다.

The grammar is used to indicate the presence (or absence) of a method or ability to do something.

用于表示某人有(或没有)做某事的方法或能力。

⓪ 저는 게임을 <u>할 줄 몰라요</u>.

23 정답 ①

Ⓥ + −(으)ㄹ 만하다: 어떤 행동을 할 가치가 있을 때 사용한다.

The grammar is used to show that an action is worth doing.

用于表示某个行为值得去做。

① 제주도는 <u>살을 만한</u> 도시예요. ➡ 제주도는 <u>살 만한</u> 도시예요.

24 정답 ①

피동 표현, Passive voice, 被动表达

| –이– | 놓이다 쌓이다 | –리– | 걸리다 열리다 |
| –히– | 막히다 닫히다 | –기– | 감기다 끊기다 |

① 건너편에 빵집이 새로 <u>열릴게요</u>. ➡ 건너편에 빵집이 새로 <u>열렸어요</u>.

25 정답 ④

Ⓥ/Ⓐ/Ⓝ '이다' + –(으)ㄹ 뿐만 아니라: 앞의 내용에 더해 뒤의 말이 나타내는 내용까지 작용할 때 사용한다.

The grammar is used to indicate that the meaning of what follows applies in addition to the preceding content.

表示前面的内容之外，后面所表达的内容也起作用。

예 내일은 기온이 <u>낮을 뿐만 아니라</u> 바람도 많이 분다니까 옷을 따뜻하게 입으세요.

26 정답 ④

Ⓥ/Ⓐ/Ⓝ '이다' + –(으)ㄴ/는 줄 알다/모르다: 어떤 사실에 대해 잘못 알고 있을 때 (혹은 모르고 있을 때) 사용한다.

The grammar is used to express guesses or assumptions based on incorrect understanding of a fact.

用于对某个事实了解错误(或不知道)的时候。

제출하다: 의견이나 서류 등을 내다.

Submit: to hand in a document, report, homework, etc.

提交：提交意见或文件等。

예 저는 동생이 해외여행을 <u>간 줄 알았어요</u>.

27 정답 ④

Ⓥ/Ⓐ/Ⓝ '이다' + –더니: 사실이나 상황이 일어나고 곧바로 이어서 어떤 사실이나 상황이 일어날 때 사용한다.

The grammar is used to mention or refer to a prior fact and then express a reaction or result.

用于某个事实或情况发生后，紧接着又发生了某种事实或情况。

④ 친구가 밥을 급하게 <u>먹었더니</u> 배탈이 났어요. ➡ 친구가 밥을 급하게 <u>먹더니</u> 배탈이 났어요.

28 정답 ③

Ⓥ/Ⓐ + −(으)ㄴ/는 법이다: 앞의 상태나 행동이 당연하거나 이미 그렇게 정해진 것
일 때 사용한다.

The grammar is used to express something that naturally or usually happens.

用于前面的状态或行为是理所当然的，或已经被确定的情况。

③ 끊임없는 거짓말은 언젠가 <u>밝혀진 법이다</u>. ➡ 끊임없는 거짓말은 언젠가 <u>밝혀지는</u>
<u>법이다</u>.

29 정답 ①

'기타를 좋아합니다.'와 '주말마다 문화 센터에서'의 내용으로 보아 새로운 지식이나
기술을 얻는다는 의미인 '배웁니다'가 적절하다.

Based on the sentences "I like playing the guitar" and "at the cultural center every
weekend," the meaning of gaining new knowledge or skills is implied. Therefore, the
expression "learn" (배웁니다) is appropriate.

根据“喜欢吉他。”和“每个周末在文化中心”的内容，表示获得新知识或技能的意思，用“学
习”最为恰当。

30 정답 ②

한가위 대잔치에 참가하려면 이번 주까지 외국인 센터 홈페이지에 들어가서 신청해
야 한다.

To participate in the Chuseok Festival, you must apply on the Foreign Resident Center's
website by the end of this week.

如果想参加中秋节盛会，本周内必须进入登录外国人中心网站进行申请。

31 정답 ②

'문화가 있는 날'을 통해 한국의 새로운 문화생활을 경험하며 좋은 추억을 많이 남기
고 싶다는 의미인 '쌓고 싶다'가 적절하다.

It shows the meaning of wanting to experience new aspects of Korean cultural life and
make good memories through "Culture Day." Therefore, the expression "want to build up"
(쌓고 싶다) is appropriate.

通过“有文化的日子”体验韩国的新文化生活，并留下美好的回忆，用“想积累”最为恰当。

32 정답 ④

① 결제: 돈을 내어주고 거래를 끝냄

② 무상: 무료, 돈을 내지 않아도 됨

③ 구입: 물건을 삼

④ 환불: 이미 낸 돈을 되돌려 줌

① Payment: giving money to complete a transaction

  结算：支付钱并完成交易

② Free of charge: free, no payment required

  无偿：免费，不需要付钱

③ Purchase: buying goods

  购入：购买物品

④ Refund: returning money that has already been paid

  退款：退还已支付的钱

33 정답 ④

주말은 토요일과 일요일을 말한다. 글에서 주말에 하는 일 중 앞부분은 토요일에 관한 내용, 뒷부분은 일요일에 관한 내용이다.

The weekend means Saturday and Sunday. In the text, the first part about weekend activities is about Saturday, and the later part is about Sunday.

周末指的是星期六和星期日。文章中周末的活动，前半部分是关于星期六的内容，后半部分是关于星期日的内容。

34 정답 ①

② 주말에는 <u>영화관에서</u> 영화를 봅니다. ➡ 일요일 오후에는 보통 집에서 영화를 봅니다.

③ 주말에는 가족과 함께 <u>청소를 합니다</u>. ➡ 일요일 오후에는 고향에 있는 가족과 영상 통화를 합니다.

④ 주말에는 이주민 센터에서 한국어를 <u>가르칩니다</u>. ➡ 토요일에는 이주민 센터에서 한국어를 배웁니다.

② On the weekend, I watch movies <u>at the movie theater</u>. ➡ On Sunday afternoons, I usually watch movies at home.

  周末去<u>电影院</u>看电影。 ➡ 星期日下午通常在家看电影。

③ On the weekend, I <u>clean</u> with my family. ➡ On Sunday afternoons, I have a video call with my family in my hometown.

周末与家人一起<u>打扫</u>。 ➡ 星期日下午与在故乡的家人视频通话。

④ On the weekend, I <u>teach</u> Korean at a migrant center. ➡ On Saturdays, I learn Korean at a migrant center.

周末在移民中心<u>教</u>韩语。 ➡ 星期六在移民中心学习韩语。

35 정답 ②

① 집들이에 가기 전에 <u>빨래를 해야</u> 합니다. ➡ 글에서 알 수 없는 내용이다.

③ 세제는 <u>모든 일이 잘 풀리기를 바라는 마음</u>으로 선물합니다. ➡ 세제는 거품처럼 돈을 많이 벌라는 의미로 선물합니다.

④ 한국에서는 집들이를 하면 <u>가족과 친척, 친구들에게</u> 생활용품을 선물합니다. ➡ 집들이에 초대받은 사람이 집주인에게 필요한 생활용품을 선물합니다.

① I have to <u>do the laundry</u> before going to a housewarming party. ➡ This cannot be determined from the text.

去参加乔迁宴前要<u>洗衣服</u>。 ➡ 文中无法得知此内容。

③ Detergent is given as a gift with <u>the hope that everything will go well</u>. ➡ Detergent is given as a gift to wish someone prosperity, symbolized by the abundance of foam.

洗衣液是<u>希望一切顺利</u>的礼物。 ➡ 洗衣液象征希望像泡沫一样赚钱赚得多。

④ In Korea, people give household goods <u>to their family, relatives, and friends</u> when they have a housewarming party. ➡ The gifts are given by the guests, not the homeowner.

在韩国参加乔迁宴，会送生活用品<u>给家人、亲戚和朋友</u>。 ➡ 被邀请的人送给屋主所需的生活用品。

36 정답 ③

① 저는 한국말을 <u>잘합니다</u>. ➡ 한국에 온 지 얼마 되지 않았습니다.

② 저는 <u>가끔</u> 버스를 탑니다. ➡ 출근할 때 주로 버스를 탑니다.

④ 교통카드가 <u>없어서</u> 요금을 못 냈습니다. ➡ 교통카드의 잔액이 부족해서 당황했지만 마침 버스에 타고 있던 한국 사람이 무슨 의미인지 알려 주면서 버스 요금을 대신 내 주었습니다.

① I speak Korean well. ➡ I haven't been in Korea for very long.

我韩语<u>说得很好</u>。 ➡ 刚到韩国不久。

② I sometimes take the bus. ➡ I usually take the bus when I go to work.

我偶尔坐公交。 ➡ 上班时主要乘公交。

④ I couldn't pay because I didn't have a transportation card. ➡ I was embarrassed because my transportation card balance was insufficient, but a Korean person who was on the bus explained what it meant and paid the bus fare for me.

因为交通卡没钱没法付车费。 ➡ 交通卡余额不足，很慌张，但正好车上有韩国人告诉我是什么意思，并帮我付了公交费。

잔액: 나머지 금액

Balance : the amount of money left

余额：剩余的钱

37 정답 ③

직장 생활을 하면서 얻는 스트레스는 휴식보다 야외 활동이나 동호회 활동 등 적극적인 활동으로 푸는 것이 좋다.

It's better to relieve work-related stress through active activities like outdoor or club activities rather than just resting.

在职场生活中产生的压力，与其休息，不如通过户外活动或兴趣小组等积极的活动来缓解更好。

38 정답 ②

한국의 학제와 학교의 종류 등에 대해 설명하는 글이므로 '한국의 교육 제도'가 적절하다.

Since the text explains Korea's school system and types of schools, "Korea's education system" is appropriate.

文章说明了韩国的学制和学校类型，因此“韩国的教育制度”最为恰当。

39 정답 ①

한글의 자음은 사람의 발음 기관을 본떠 만들었으며, 모음은 하늘 · 땅 · 사람의 모양을 본떠 만들었다.

Hangeul consonants were created by modeling the human speech organs. Vowels were created by modeling the shapes of the sky, the earth, and humans.

韩文字母的子音是仿照人的发音器官创造的，元音是仿照天、地、人三者的形状创造的。

40

한국 정부는 출산 가정의 경제적 부담을 줄이고 출산율을 높이기 위해 출산 휴가, 출산 축하금, 다자녀 혜택(공공요금 할인, 세금 공제 등), 양육 수당 및 아동 수당 지원 등 다양한 정책을 지원하고 있다.

The Korean government supports various policies. Since it aims to reduce the financial burden on families with newborns and increase the birth rate, it provides maternity leave, childbirth grants, benefits for families with multiple children (such as discounts on public utility fees and tax deductions), and child care and child allowance support.

韩国政府为了减轻生育家庭的经济负担，提高生育率，提供了多种政策支持，包括产假、出生祝贺金、多子女优惠(公共费用折扣、税收减免等)、养育津贴及儿童津贴等。

41

한국에서는 태어난 아이의 첫 번째 생일을 '돌'이라고 하며, 이를 기념해 '돌잔치'를 한다. 그리고 돌잔치에서는 여러 가지 물건을 올려놓은 돌상에서 '돌잡이'라는 전통 행사를 하는데, 아이가 하나의 물건을 고르면 이를 통해 아이의 미래 모습을 추측한다.

In Korea, a child's first birthday is called "돌", and it is celebrated with a "돌잔치." At a "돌잔치", there is a traditional event called "돌잡이", in which a child chooses one item from a table set with various items. People then predict the child's future based on the item the child picks.

在韩国，孩子出生后的第一个生日称为"周岁(돌)"，并举办"周岁宴(돌잔치)"庆祝。在周岁宴上，会在摆满各种物品的돌상周岁桌前进行"抓周(돌잡이)"活动，让孩子选择一个物品，以此预测孩子的未来。

42

① 한옥: 한국의 전통 집
② 온돌: 한국의 전통적인 난방 방식
③ 보일러: 한국의 현대적인 난방 방식
④ 대청마루: 한옥에서 방과 방 사이에 있는 큰 마루

① Hanok : a traditional Korean house

   韩屋：韩国传统房屋

② Ondol : a traditional Korean floor-heating system

   暖炕：韩国传统取暖方式

③ Boiler : a modern heating system in Korea

　锅炉：韩国现代取暖方式

④ Daecheongmaru : a large wooden floor space between rooms in a hanok

　大厅木地板：韩屋中房间与房间之间的大木地板

43 정답 ②

농촌은 인구 감소와 고령화로 일할 수 있는 노동력이 부족하고, 대중교통이 잘 발달되지 못했다. 또한 문화 시설, 의료 시설, 정보화 시설 등 각종 생활 시설이 부족하다. 이러한 문제를 해결하기 위해 정부는 귀농한 사람들에게 지원금을 제공하고, 농민에게 정보화 교육을 실시하고, 농업 현장에 자동화 기계를 도입하고 있다.

In rural areas, there are fewer workers because the population is decreasing and aging, and public transportation is not well developed. In addition, there is a lack of various living facilities, such as cultural, medical, and information facilities. To solve these problems, the government provides subsidies to people who return to farming, offers information technology training to farmers, and introduces automated machinery into agricultural fields.

农村由于人口减少和老龄化，劳动人口不足，大众交通不发达。此外，各种生活设施如文化设施、医疗设施、信息化设施等也缺乏。为解决这些问题，政府向返乡农民提供补助，为农民提供信息化教育，并在农业现场引入自动化机械。

44 정답 ①

1년을 24개로 나누어 계절의 표준이 되는 것을 '절기'라고 한다.

"절기" refers to the 24 seasonal divisions of the year.

把一年分成24个部分，作为季节的标准，这叫做"节气(절기)"。

45 정답 ②

추석에는 그해 농사가 풍요롭게 잘 되어 감사하다는 의미로 '송편'을 만들어 먹는다.

On Chuseok, people make and eat "송편" as a way of expressing gratitude for a good and abundant harvest that year.

中秋节为了感谢当年农作物丰收，人们制作并食用"松饼(송편)"。

46

한국에서 축하하는 뜻을 나타내기 위해 내는 축의금은 흰 봉투에 넣는다.

In Korea, money given to celebrate an occasion is put in a white envelope.

在韩国，为表示祝贺而给的钱称为贺礼金、礼金，放入白色信封中。

축의금: 축하하는 뜻으로 내는 돈

Congratulatory money: money given to celebrate a happy event

贺礼金、礼金：表示祝贺的赠款

조의금: 다른 사람의 죽음을 슬퍼하는 뜻으로 내는 돈

Condolence money: money given to express sympathy for someone's death

赙金：表示对他人去世的哀悼款

47

일정 기간마다 정해진 금액을 은행에 맡기는 것을 '적금'이라고 한다. 이때 은행에 맡긴 돈은 이자가 붙어서 더 큰돈이 되는데 적금의 이율은 은행마다 다르고, 가입 기간이나 넣는 금액에 따라서도 달라진다. 보통 가입 기간이 길면 길수록 이자가 더 늘어난다.

"Installment savings plan" means saving a fixed amount of money in the bank regularly. The money deposited in the bank earns interest and becomes a larger amount. The interest rate of an installment savings plan varies by bank and also depends on the subscription period and the amount deposited. In general, the longer the subscription period, the more interest you earn.

把一定时期内固定金额存入银行的行为叫做"定期储蓄(적금)"。存入银行的钱会产生利息，从而变成更多的钱。的利率因银行而异，也会根据存款期限和金额不同而有所差别。通常，存款期限越长，利息就越多。

적금: 금융 기관에 일정 금액을 일정 기간 낸 다음에 가입 기간이 끝나면 이자와 함께 받는 저금

Installment savings plan: saving money by paying a fixed amount regularly and getting it back with interest at the end.

定期储蓄：向金融机构在一定期限内缴纳固定金额，期限结束后连本带利取出的一种储蓄方式。

48 ④

국회의원, 지방자치단체장, 지방의회의원의 임기는 4년이지만 대통령의 임기는 5년이다.

The terms of National Assembly members (국회의원), heads of local governments (지방자치단체장), and local council members (지방의회의원) are four years, while the president (대통령)'s term is five years.

国会议员、地方自治团体长、地方议会议员的任期为4年，总统的任期为5年。

49 (학교)생활기록부

학교 교육에서 학생을 올바르게 알고 지도하기 위하여 참고할 만한 사항을 적은 장부를 (학교)생활기록부라고 한다.

A school record (student record) is a register that records information useful for understanding and properly guiding students in school education.

为了在学校教育中正确了解和指导学生，将可供参考的事项记录在册，称为(学校)生活记录册。

50 일어날 정도로 / 일어날 만큼

Ⓥ/Ⓐ + -(으)ㄹ 정도로: 뒤에 오는 행동이나 상태가 앞말과 비슷한 정도를 나타낼 때 사용한다.

The grammar is used to show that the following action or state is similar in degree to what comes before.

表示后续行为或状态与前面内容相似的程度。

Ⓥ + -(으)ㄹ 만큼: 뒤에 오는 말이 앞에 오는 말과 비슷한 정도일 때 사용한다.

The grammar is used to express that the following part is similar in degree to the previous one.

表示后面的内容与前面内容相似的程度。

01–02

　일상생활에서 건강을 지키기 위해서는 먼저 균형 잡힌 식단이 필요하다. 영양소를 골고루 섭취하고, 지나치게 짜거나 단 음식은 피하는 것이 좋다. 대신 채소와 과일을 충분히 섭취하는 것이 바람직하다. 예를 들어, 당근과 시금치는 눈 건강에 효과적이며, 오렌지와 귤은 피로 회복에 도움이 된다. 또한 충분한 수면도 건강 유지에 중요하다. 성인의 경우 하루 7시간에서 8시간의 숙면이 필요하며, 이를 위해서 자기 전에 따뜻한 우유를 마시거나 따뜻한 물로 샤워하는 것이 좋다.

01　위의 글을 소리 내어 읽어 보세요.

Read the above text and answer the following questions.

请大声朗读上面的文章。

Tip 발음의 정확성, 띄어 읽기, 유창성, 속도 등에 유의하며 읽습니다.

02　1) 건강에 좋은 음식은 뭐예요?

Which foods are healthy?

对健康有益的食物有哪些?

예 건강에 좋은 음식은 채소와 과일입니다. 당근과 시금치는 눈 건강에 효과적이며, 오렌지와 귤은 피로 회복에 도움이 됩니다.

2) 건강에 좋지 않은 음식은 뭐예요?

Which foods are unhealthy?

对健康不利的食物有哪些?

예 너무 짜거나 단 음식은 건강에 좋지 않습니다.

3) 충분한 수면을 위해서 자기 전에 어떻게 해야 해요?

What should I do before going to bed to get enough sleep?

为了保证充足的睡眠，睡前应该做什么?

예 따뜻한 우유를 마시거나 따뜻한 물로 샤워하면 좋습니다.

03 1) ______ 씨는 건강한 생활을 위해 무엇을 하는지 말해 보세요.

State what you do to stay healthy.

请说说你为健康生活做的事情。

Tip 식사, 수면, 운동 등 본인의 건강을 위해 어떤 생활 습관을 지키고 있는지 말하면 됩니다.

2) ______ 씨의 건강을 위해 자주 먹는 음식을 말해 보세요.

State the foods you usually eat to stay healthy.

请说说你为了健康常吃的食物。

Tip 한국에서는 건강을 보충하기 위해 먹는 음식을 '보양식'이라고 합니다. 본인의 건강을 위해 특별히 먹는 보양식을 말하면 됩니다.

04 한국의 여러 국경일 중 하나를 선택하여, 그날은 어떤 날이며 무슨 의미가 있는지 말해 보세요.

State a Korean national holiday and its meaning.

选择韩国的某个国庆日，说说那天是什么日子以及有什么意义。

예 한국의 주요 국경일과 그 의미는 다음과 같습니다.

첫째, 삼일절은 천구백십구년 삼월 일일(1919년 3월 1일), 일본의 식민지 지배에 항거하여 일어난 독립운동을 기념하는 날입니다.

둘째, 현충일은 유월 육일(6월 6일), 국가를 위해 목숨을 바친 순국선열과 장병들을 기리는 날입니다.

셋째, 광복절은 천구백사십오년 팔월 십오일(1945년 8월 15일), 일본의 식민지 지배에서 해방된 것을 기념하는 날입니다.

넷째, 개천절은 시월 삼일(10월 3일), 단군이 고조선을 건국한 날로, 한국의 역사와 민족의 뿌리를 기념하는 날입니다.

다섯째, 한글날은 시월 구일(10월 9일), 세종대왕이 한글을 창제한 것을 기념하는 날입니다.

05 1) 헌법에서 한국은 민주주의 국가입니다. 헌법 제1조 제1항을 말해 보세요.

According to the Constitution, Korea is a democratic country. Article 1, Paragraph 1 of the Constitution.

宪法中韩国是民主国家。请说出宪法第一条第一款。

예 대한민국은 민주공화국입니다.

2) 민주공화국의 의미를 말해 보세요.

State the meaning of a democratic republic.

请说明民主共和国的意义。

예 국민이 주권을 가지며, 선거를 통해 대표자를 선출하고 헌법과 법률에 따라 운영되는 국가체제를 말합니다.

정답 및 해설

※ **이 책에 사용된 기호:** Ⓥ 동사, Verb, 动词　Ⓐ 형용사, Adjective, 形容词　Ⓝ 명사, Noun, 名词

빨리 보는 정답

01	02	03	04	05	06	07	08	09	10
①	④	①	②	①	③	④	④	①	②
11	12	13	14	15	16	17	18	19	20
④	②	④	②	④	①	③	①	③	①
21	22	23	24	25	26	27	28	29	30
①	②	④	③	③	①	④	②	④	①
31	32	33	34	35	36	37	38	39	40
①	①	③	④	④	④	③	④	④	②
41	42	43	44	45	46	47	48		
③	②	①	④	①	④	①	②		
49					50				
쓸 만해요 / 사용할 만해요					가자마자 / 들어가자마자				

01　정답 ①

사진 속의 사람은 헬스장에서 운동하고 있으므로, 정답은 '운동해요'이다.

Since the person in the picture is working out at the gym, the correct answer is "exercise."

照片中的人正在健身房锻炼，因此答案是"做运动"。

02　정답 ④

Ⓝ + 부터 + Ⓝ + 까지: 시작과 끝을 나타낼 때 사용한다.

The grammar is used to indicate the beginning and the end.

用于表示开始和结束。

03 정답 ①

① 작다, small, 小 ↔ 크다, big/large, 大
② 많다, many/much, 多 ↔ 적다, few/little, 少
③ 짧다, short, 短 ↔ 길다, long, 长
④ 좁다, narrow, 窄 ↔ 넓다, wide, 宽

04 정답 ②

① 빨리, quickly/fast, 快 ↔ 천천히, slowly, 慢
② 조금, a little, 少量 ↔ 많이, a lot, 大量
③ 일찍, early, 早 ↔ 늦게, late, 晚
④ 아직, yet, 还 ↔ 벌써/이미, already, 已经

05 정답 ①

공으로 할 수 있는 운동으로 '농구, 축구, 야구, 배구' 등이 있다.
Sports that can be played with a ball include basketball, soccer, baseball, and volleyball.
可以用球进行的运动有 "篮球、足球、棒球、排球" 等。

06 정답 ③

항상, always, 总是	자주, often, 经常	가끔, sometimes, 偶尔	거의, rarely, 几乎	전혀, never, 从不
100%		➡		0%

07 정답 ④

① 불편하다[1], uncomfortable, 不舒服 ↔ 편하다, comfortable, 舒服
② 편리하다, convenient, 方便 ↔ 불편하다[2], inconvenient, 不方便
③ 깨끗하다, clean, 干净 ↔ 더럽다, dirty, 脏
④ 한적하다, quiet/peaceful, 清静 ↔ 복잡하다, crowded, 复杂

---

1) 몸이나 마음이 편하지 않고 괴롭다.
2) 어떤 것을 사용하거나 이용하는 것이 거북하거나 괴롭다.

08 정답 ④

① 타다, to get on, 上 ↔ 내리다, to get off, 下
② 가다, to go, 去 ↔ 오다, to come, 来
③ 나가다, to go out, 出去 ↔ 들어가다, to go in, 进入
④ 내려가다, to go down, 下去 ↔ 올라가다, to go up, 上去

09 정답 ①

① 비용: 어떤 일을 하는 데 드는 돈
② 월급: 한 달 동안 일한 대가로 받는 돈
③ 연봉: 일 년 동안에 받는 돈의 총 금액
④ 수당: 정해진 돈 외에 추가로 따로 받는 돈

① Cost: the money spent to do something
　费用：做某件事所花的钱

② Monthly salary/Monthly pay: the money received for work done in a month
　月薪：一个月工作所得的报酬

③ Annual salary/Yearly income: the total amount of money received in a year
　年薪：一年所得到的总金额

④ Allowance/Extra pay/Bonus: money received in addition to the regular pay
　津贴：除了固定工资外额外得到的钱

10 정답 ②

신분증을 잃어버리면 분실 신고를 한 후에 다시 만들어야 한다.
If you lose your ID, you need to report it and have it reissued.
如果身份证丢了，要先进行遗失申报，然后再补办。

11 정답 ④

Ⓐ + -(으)ㄴ: 관형어의 기능을 하게 만들고, 현재의 상태를 나타낼 때 사용한다.
The grammar is used to make an adjective function as a modifier and to indicate the current state.
使其具备定语功能，并表示当前状态。

차지하다: 일정한 공간이나 비율을 이루다.
Occupy/Take up: to take up a certain space or proportion
占据：形成一定空间或比例。

12　정답 ②

① 수선: 오래되어 낡거나 헌 물건을 고침

② 교환: 어떤 것을 다른 것으로 바꿈

③ 환불: 이미 낸 돈을 되돌려줌

④ 결제: 돈을 내어주고 거래를 끝냄

① Repair/Mending: fixing old or worn-out items

　修理：修使用久了或破旧的物品

② Exchange/Replacement: changing something for another

　交换：用某物换成其他物

③ Refund: returning money that has already been paid

　退款：退还已支付的钱

④ Payment: giving money to complete a transaction

　结算：支付钱并完成交易

13　정답 ④

'주로'와 비슷한 단어는 '대부분'이다.

A word similar to "주로" is "대부분."

与 "주로(主要)" 相似的单词是 "대부분(多数)" 。

대부분: 절반이 훨씬 넘어 전체에 가까운 수나 양

Mostly: a number or amount that is well over half and close to the whole.

多数：超过一半，接近整体的数量或比例

14　정답 ②

'열리다'와 비슷한 단어는 '개최하다'이다.

A word similar to "열리다" is "개최하다."

与 "열리다(举行)" 相似的单词是 "개최하다(举办)" 。

열리다: 어떤 일의 중요한 기회나 조건이 새롭게 마련된다.

Be held: a significant opportunity or condition is newly provided.

举行：某件重要事件的机会或条件被新设定。

15 정답 ④

Ⓥ + −아/어 주다: 남을 위해 어떤 행동을 할 때 사용한다.

The grammar is used to indicate an action performed for someone else.

用于为别人做某个动作。

예 현지에게 영어를 가르쳐 줬어요.

16 정답 ①

Ⓥ/Ⓐ + −게: 뒤에 오는 내용의 정도나 방법 등을 보충할 때 사용한다.

The grammar is used to provide additional information about the degree or manner of what follows.

用于补充说明后项的程度或方式。

예 방이 더러운 것 같아서 깨끗하게 청소했어요.

17 정답 ③

Ⓥ/Ⓐ + −(으)ㄹ 때(는): 어떤 행동이나 상황이 일어난 동안 또는 경우를 나타낼 때 사용한다.

The grammar is used to indicate the time or situation during which an action or event occurs.

表示某个动作或情况发生的期间或时候。

예 밥을 먹을 때 떠들지 마세요.

18 정답 ①

Ⓐ + −(으)ㄴ: 관형어의 기능을 하게 만들고, 현재의 상태를 나타낼 때 사용한다.

The grammar is used to make an adjective function as a modifier and to indicate the current state.

使其具备定语功能，并表示当前状态。

예 일찍 자기, 꾸준한 독서같이 좋은 습관을 쌓기 위해 노력하고 있습니다.

19 정답 ③

Ⓥ + −아/어 보다: 이전의 경험을 말할 때나 시험 삼아 행동할 때 사용한다.

The grammar is used to talk about past experiences or to try an action as a test.

用于讲述以往经验或尝试性行为。

예 이것 좀 먹어 보세요.

20　정답 ①

Ⓥ/Ⓐ + -도록: 뒤에 나오는 행동의 목적을 나타낼 때 사용한다.

The grammar is used to indicate the purpose of the following action.

用于表示后面动作的目的。

낫다: 치유가 되어 없어지다.

Heal/Recover: to get better or go away

好转：痊愈消失。

예 길이 미끄러워서 넘어지지 <u>않도록</u> 조심하세요.

21　정답 ①

꽤: 예상이나 기대 이상으로 상당히

Quite: more than expected

相当、颇、挺：比预想或期待的程度相当高

예 몸이 회복되는 데 시간이 <u>꽤</u> 걸릴 것 같습니다.

22　정답 ②

Ⓥ/Ⓐ + -나 보다, Ⓐ + -(으)ㄴ가 보다: 어떤 사실이나 상황을 추측할 때 사용한다.

The grammar is used to make a guess about a fact or situation.

用于推测某个事实或情况。

예 아기가 배가 <u>고픈가 봐요</u>. 계속 울어요.

23　정답 ④

ㅂ 불규칙: ㅂ 받침으로 끝나는 형용사나 동사 중 일부는 모음과 만나면 'ㅂ'이 '우'로 바뀐다. 대표적으로 '덥다, 춥다, 어렵다, 쉽다, 맵다, 무겁다, 가볍다'가 있다.

ㅂ irregular: Among adjectives or verbs ending with the consonant ㅂ, the "ㅂ" changes to "우" when it meets a vowel. Representative examples include "덥다, 춥다, 어렵다, 쉽다, 맵다, 무겁다, and 가볍다."

ㅂ 不规则：以 ㅂ 收尾的形容词或动词中，一部分在遇到元音时，"ㅂ" 会变为 "우"。典型如 "덥다, 춥다, 어렵다, 쉽다, 맵다, 무겁다, 가볍다"。

④ 여름이라 그런지 날씨가 아주 <u>더우네요</u>. ➡ 여름이라 그런지 날씨가 아주 <u>덥네요</u>.

24 정답 ③

Ⓥ + −느라고: 앞 내용이 뒤 내용의 이유나 원인이 됨을 나타낼 때 사용한다. 주로 '안/못, 바쁘다, 늦다, 힘들다, 피곤하다, 정신없다' 등 부정적인 결과를 의미하는 동사와 함께 쓴다.

The grammar is used to indicate that the preceding content is the reason or cause of what follows. It is often used with verbs expressing negative results, such as "not/can't, busy, late, tired, exhausted, or overwhelmed."

表示前面的内容是后面内容的原因或理由。通常与表示负面结果的动词一起使用，如"不/不能、忙、迟、辛苦、疲劳、心神不宁"等。

③ 보고서를 쓸 텐데 3일 밤을 못 잤어요. ➡ 보고서를 쓰느라고 3일 밤을 못 잤어요.

25 정답 ③

Ⓥ + −(으)려고 하다: 어떤 일을 할 마음이 있음을 나타낼 때 사용한다.

The grammar is used to indicate one's intention to do something.

表示有做某件事的意图。

예 내일부터는 일찍 일어나려고 해요.

26 정답 ①

Ⓥ + −(으)ㄹ 겸 + Ⓥ + −(으)ㄹ 겸 (해서): 어떤 행동을 하는 목적이 두 가지 이상일 때 사용한다.

The grammar is used to express two or more purposes for an action.

表示做某个动作有两个或以上目的。

풀다: 피로나 나쁜 기운을 없어지게 하다.

Relieve: to get rid of fatigue or bad energy.

放松：消除疲劳或不好的气息。

예 공부도 할 겸 책도 읽을 겸 도서관에 가려고요.

27　정답 ④

Ⓥ/Ⓐ/Ⓝ '이다' + -더니: 과거에 경험하여 알게 된 사실과 다른 새로운 사실이 있을 때 사용한다.

The grammar is used when there is a new fact that differs from something learned from past experience.

用于某个事件或情况发生后，紧接着又发生了某种事实或情况。

④ 어제는 눈이 <u>왔더니</u> 오늘은 하늘이 맑네요. ➡ 어제는 눈이 <u>오더니</u> 오늘은 하늘이 맑네요.

28　정답 ②

Ⓥ + -는 바람에: 앞에 나온 행동이나 상태가 뒤에 오는 말의 원인이나 이유가 될 때 사용한다.

The grammar is used when the action or state mentioned first is the cause or reason for what comes next.

表示前面出现的行为或状态是后面事情的原因或理由。

② 늦게 <u>일어나자마자</u> 회사에 지각했어요. ➡ 늦게 <u>일어나는 바람에</u> 회사에 지각했어요.

29　정답 ④

㉠의 앞뒤 문장을 살펴보면 '식당 안은 손님이 많아서'와 '여전히 길게 줄을 서서 기다리고 있었습니다.'의 내용이 나오므로, '자리가 없었습니다'가 적절하다.

Since the sentences before and after ㉠ say "The restaurant was crowded with customers" and "they were still waiting in a long line," the correct answer is "There were no seats."

查看㉠前后句内容，"餐厅里客人很多"和"仍然排长队等着。"，所以"没有座位"是合适的。

30　정답 ①

분리배출: 쓰레기 따위를 종류별로 나누어서 버림

separate disposal : disposing of waste by separating it according to type

垃圾分类：铁罐、玻璃瓶子、塑料、纸等需按种类分开，在指定地点和日期排放

31　정답 ①

설날 아침에는 가족과 친척이 모두 모여 차례(제사)를 지내고, 아랫사람이 윗사람에게 세배를 한다. 세배받는 윗사람은 아랫사람에게 덕담해 주고, 세뱃돈도 준다.

On the morning of Seollal, family members and relatives gather to perform the ancestral rites (차례), and the younger people pay New Year's respects (세배) to the elders. The elders who receive the sebae give blessings and New Year's money (세뱃돈) to the younger ones.

农历新年早晨，家人和亲戚全体聚集进行祭祀，晚辈向长辈行拜年礼。收到拜年的长辈会给晚辈祝福语，并发压岁钱。

32　정답 ①

글쓴이는 집 주변이 시끄럽고 지하철역도 멀어서 이사를 가려고 했으며, 소개받은 집은 한적하고, 근처에 마트, 편의점, 공원도 있고, 지하철역도 가깝다고 했으므로, '조용한 데다가'가 적절하다.

The writer wanted to move because the area around his/her house was noisy and the subway station was far. The house introduced to him/her was quiet, and there was a supermarket, a convenience store, and a park nearby, with a subway station also close. Therefore, "not only quiet but also" (조용한 데다가) is appropriate.

作者因为家周围吵闹且地铁站很远，所以打算搬家，而介绍的房子既清静，附近有超市、便利店、公园，地铁站也很近，因此 "조용한 데다가" 是合适的。

33　정답 ③

제품 판매자가 소비자에게 무료로 수리를 약속한 기간은 '제품 보증 기간'이라고 한다.

The period during which a seller promises free repairs to a consumer is called the "product warranty period."

产品销售者向消费者承诺免费维修的期限称为 "产品保修期"。

34 정답 ④

① 전자 제품 구매 후 구입 일자만 알고 있으면 된다. ➡ 전자 제품을 구입하면 보증서를 꼼꼼히 살펴봐야 한다.

② 무료로 수리가 가능한 기간은 모든 제품이 동일하다. ➡ 제품 보증 기간은 제품마다 다르다.

③ 전자 제품의 보증서만 있으면 무조건 수리가 가능하다. ➡ 글에서 알 수 없는 내용이다.

① Knowing only the purchase date after buying an electronic product is enough. ➡ You should carefully check the warranty certificate when purchasing electronic products.

只要知道电子产品的购买日期即可。 ➡ 购买电子产品时应仔细查看保修单。

② The period for free repairs is the same for all products. ➡ It varies by product.

免费维修的期限所有产品都一样。 ➡ 产品保修期因产品而异。

③ If you have only the warranty certificate, the repair is guaranteed. ➡ This cannot be determined from the text.

只要有电子产品的保修单就一定能维修。 ➡ 文中无法得知此内容。

35 정답 ④

① 휴일 지킴이 약국은 휴일에만 문을 연다. ➡ 휴일 지킴이 약국은 주말과 휴일에도 문을 연다.

② 이 약국에서 약을 구입하려면 평일에 가야 한다. ➡ 주말과 휴일에도 문을 연다.

③ 휴일 지킴이 약국에서 약 정보도 확인할 수 있다. ➡ 필요한 약 정보는 누리집에서 찾을 수 있다.

① The holiday-duty pharmacy is open only on holidays. ➡ The holiday-duty pharmacy is open on weekends as well as holidays.

节假日值班药店只在节假日开门。 ➡ 节假日值班药店周末和节假日也开门。

② You have to go on weekdays to buy medicine at the holiday-duty pharmacy. ➡ Open on weekends and holidays.

想在这家药店买药的话，必须平日来。 ➡ 周末及节假日营业。

③ You can also check medicine information at the holiday-duty pharmacy. ➡ You can find the necessary medicine information on the website.

节假日值班药店也可以查药品信息。 ➡ 所需药品信息可在官网查到。

36 정답 ④

① 저는 요리사가 되고 싶습니다. ➡ 글에서 알 수 없는 내용이다.

② 내일 시장에서 배추를 살 겁니다. ➡ 오늘 시장에 가서 배추를 살 것이다.

③ 저는 김치를 맛있게 만들었습니다. ➡ 친구들에게 김치찌개를 만들어 주었다.

① I want to become a chef. ➡ This cannot be determined from the text.

我想成为一名厨师。 ➡ 从文章中无法得知这一内容。

② I will buy napa cabbage at the market tomorrow. ➡ I will go to the market today to buy napa cabbage.

想明天要去市场买白菜。 ➡ 今天要去市场买白菜。

③ I made delicious Kimchi. ➡ I made kimchi stew for my friends.

我做了好吃的泡菜。 ➡ 给朋友们做了泡菜锅。

37 정답 ③

한국소비자원의 기능과 역할에 대해 설명하는 글로, 한국소비자원은 소비자의 권리와 이익을 지키는 정부 산하 기관이다.

The text explains the functions and roles of the Korea Consumer Agency, which is a government-affiliated organization that protects consumers' rights and interests.

本文介绍了韩国消费者院的功能和角色，韩国消费者院是保护消费者权利和利益的政府下属机构。

38 정답 ④

환경오염을 줄이기 위해 개인이 어떤 노력을 해야 하는지 설명하는 글이므로, '환경오염을 줄이기 위한 노력'이 적절하다.

The text explains what individuals should do to reduce environmental pollution, "efforts to reduce environmental pollution" is appropriate.

本文说明了个人为减少环境污染应做的努力，因此 "为减少环境污染的努力" 最合适。

39 정답 ④

'문화가 있는 날'은 매월 마지막 주 수요일로, 일반인들이 쉽게 문화를 접할 수 있도록 전국 주요 국공립 박물관, 미술관, 고궁 등을 무료 또는 저렴한 가격으로 관람할 수 있게 정한 날이다.

"Culture Day" is a day when the general public can easily access cultural experiences; on the last Wednesday of each month, major national and public museums, art galleries, and palaces across the country can be visited for free or at a low price.

"有文化的日子"是为让普通人更容易接触文化，每月最后一个周三，是全国主要公立博物馆、美术馆、古宫等可免费或低价参观的日子。

40 정답 ②

부모와 자녀의 촌수는 일촌이다.

The degree of kinship between a parent and a child is one.

父母与子女的亲等是一等亲(一寸)。

41 정답 ③

대중교통 이용 장려를 위해 버스전용차로 제도, 버스 도착 안내 서비스, 버스 환승 할인 제도 등 다양한 정책을 시행하고 있다.

Various policies are implemented to encourage public transportation use, such as dedicated bus lanes, bus arrival information services, and bus transfer discount systems.

为了鼓励使用公共交通，实施了公交专用车道制、公交到站信息服务、公交换乘优惠制度等多种政策。

42 정답 ②

국민의 4대 의무로 '납세의 의무, 국방의 의무, 근로의 의무, 교육의 의무'가 있다.

The four main duties of citizens are: paying taxes, national defense, working within one's abilities, and ensuring education for all children.

国民的四大义务包括"纳税义务、国防义务、劳动义务、教育义务"。

> **알아두기** ✔
>
> **국민의 4대 의무** The four fundamental duties of citizens 国民的四大义务
> - 납세의 의무: 세금을 내야 하는 의무
> - 국방의 의무: 나라를 지켜야 하는 의무
> - 근로의 의무: 자신의 능력 범위 내에서 근로(일)를 해야 하는 의무
> - 교육의 의무: 자녀가 교육을 받게 할 의무

43 정답 ①

설날을 맞이하여 아이들에게 옷이나 신발을 새로 사서 입히는 것을 '설빔'이라고 한다.

On Seollal, buying new clothes or shoes for children to wear is called "설빔."

过农历新年时，为孩子购买新衣服或新鞋穿称为"新衣(설빔)"。

44 정답 ④

① 말 한마디에 천 냥 빚도 갚는다: 말만 잘하면 어려운 일이나 불가능해 보이는 일도 해결할 수 있다.

② 입은 비뚤어져도 말은 바로 해라: 아무리 상황이 좋지 못해도 진실은 바로 밝혀야 한다.

③ 같은 말이라도 아 다르고 어 다르다: 비슷한 말이라도 어떻게 하느냐에 따라 듣기 좋은 말이 되기도 하고 듣기 싫은 말이 되기도 하므로 말을 가려 해야 한다.

④ 낮말은 새가 듣고 밤말은 쥐가 듣는다: 아무도 안 듣는 데서라도 말은 조심히 해야 한다.

① A single word can repay a thousand nyang (냥) of debt: If you speak wisely, even difficult or seemingly impossible problems can be solved.

一言可偿千金债：只要说得好，再困难或看似不可能的事情也能解决。

② Even if your mouth is crooked, speak the truth straight: No matter how bad the situation is, the truth should be stated clearly.

衣歪口正：无论情况多么不好，真相必须说清楚。

③ Even the same words can sound different depending on how they are said: Similar words can be pleasant or unpleasant depending on how you express them, so choose your words carefully.

同样的话，讲法不同，效果就不一样：即使是相同的话，根据表达方式的不同，也可能变成令人愉快或令人反感的话，所以说话要注意分寸、斟酌用词。

④ Birds hear the words spoken in the day, and mice hear the words spoken at night: You should be careful with your words even when you think no one is listening.

白天的话鸟会听，夜晚的话鼠会听：即使在无人处也要谨言慎行。

속담: 옛사람들의 지혜나 교훈이 담긴 짧은 말

Proverb: A short saying that contains the wisdom or lesson of the ancestors

谚语：包含古人智慧或教训的简短话语

45 정답 ①

떡국은 설날에 먹는 음식이다. 단오에는 건강을 기원하고 병을 예방하기 위해 주로 수리취떡, 쑥떡 등의 음식을 먹는다.

떡국 is a dish eaten on Seollal. On Dano, foods such as 수리취떡 and 쑥떡 are mainly eaten to pray for health and prevent illnesses.

年糕汤是农历新年食用的食物。端午主要吃韩式艾草年糕等食品，以祈求健康和预防疾病。

46 정답 ④

민주주의의 기본 원리로, 대한민국의 권력은 국민으로부터 나온다.

As a basic principle of democracy, the authority of the Republic of Korea comes from the people.

作为民主主义的基本原则，大韩民国的权力来自于国民。

47 정답 ①

월급: 한 달마다 일한 대가로 받는 돈

Monthly salary: the money received for work done each month

月薪：每月因工作获得的报酬

연봉: 일 년 동안 정기적으로 받는 돈의 총액

Annual salary: the total money received regularly over a year

年薪：一年内定期获得的报酬总额

수당: 정해진 금액 외에 추가로 받는 돈

Allowance/Extra pay: money received in addition to the fixed amount

津贴：除固定金额外额外获得的报酬

일당: 하루에 일한 대가로 받는 돈

Daily wage: money received for work done in a day

日薪：一天工作的报酬

48 정답 ②

가상현실 기계를 착용하면 실제로 외국에 갈 수 있는 것이 아니라 마치 외국에 있는 것처럼 보고, 듣고, 느낄 수 있다.

This does not mean actually going to a foreign country, but rather feeling as if you are abroad within virtual reality.

佩戴虚拟现实设备并不是指真的能去国外，而是能够像在国外一样去看、听、感受。

49 쓸 만해요 / 사용할 만해요

Ⓥ + −(으)ㄹ 만하다: 어떤 행동을 할 가치가 있을 때 사용한다.

The grammar is used to show that an action is worth doing.

用于表示某个行为值得去做。

50 가자마자 / 들어가자마자

Ⓥ + −자마자: 앞의 동작이 이루어지고 난 후에 바로 잇따라 뒤의 사건이나 동작이 일어날 때 사용한다.

The grammar is used when an event or action immediately follows the completion of a previous action.

表示前一个动作完成后，紧接着发生后面的事件或动作。

01–02

한국에서는 대중교통을 이용할 때 지켜야 할 공공 예절이 몇 가지 있다. 우선 승하차 시에는 질서를 지켜 줄을 서야 하고, 내리는 사람이 우선이므로 승객이 모두 내린 후에 승차해야 한다. 그리고 교통 약자석은 노약자, 임산부, 장애인, 어린이에게 자리를 양보해야 한다. 또한 대중교통 내에서 통화나 대화는 조용히 해야 하고, 음악 감상이나 영상 시청은 이어폰을 사용해야 한다. 공공 예절을 잘 지킨다면 모두가 더욱 쾌적하고 안전하게 대중교통을 이용할 수 있을 것이다.

01 위의 글을 소리 내어 읽어 보세요.

Read the above text and answer the following questions.

请大声朗读上面的文章。

Tip 발음의 정확성, 띄어 읽기, 유창성, 속도 등에 유의하며 읽습니다.

02 1) 한국의 대중교통을 이용할 때는 어떻게 해야 하나요?

How should you behave on public transportation in Korea?

在韩国使用公共交通时应注意什么?

예 공공 예절을 잘 지켜야 합니다. 대중교통 안에서 통화나 대화는 조용히 해야 하고, 음악 감상이나 영상 시청은 이어폰을 사용해야 합니다.

2) 교통 약자석에는 누가 앉을 수 있나요?

Who can sit in priority seats?

交通弱者座位谁可以坐?

예 교통 약자석에는 노약자, 임산부, 장애인, 어린이가 앉을 수 있습니다.

03 1) _______ 씨가 알고 있는 한국의 공공 예절에는 또 어떤 것이 있는지 말해
보세요.

State what other public etiquette in Korea you know.

请说说你所知道的韩国公共礼仪有哪些。

Tip 본인이 알고 있는 한국의 공공 예절에 대해 말하면 됩니다.

2) _______ 씨 고향에서 지켜야 하는 공공 예절에는 무엇이 있는지 말해 보세요.

State the public etiquette that should be observed in your hometown.

请说说你家乡需要遵守的公共礼仪有哪些。

Tip 본인의 고향에서 지켜야 하는 공공 예절에 대해 말하면 됩니다.

04 수도권에는 유명한 명소와 축제들이 많이 있습니다.

※ 수도권에 가 본 적이 없다면, 여러분이 살고 계신 지역으로 바꾸어 말해 보세요.

There are many attractions and festivals in the Seoul Metropolitan Area.

首都圈有许多著名景点和节日。

1) 수도권의 명소 중 가 본 곳이 있으면 어떤 곳인지 소개해 보세요.

State which place you have visited among the attractions in the Seoul Metropolitan
Area.

如果你去过首都圈的景点，请介绍一下是哪些地方。

예 한강 공원은 넓은 잔디밭과 자전거 도로가 잘 되어 있어서 산책이나 운동을 즐
기기에 좋습니다. 밤에는 야경이 아름다워서 많은 사람이 찾는 곳입니다.

2) 수도권의 축제에 참여해 본 적이 있거나 알고 있는 축제를 말해 보세요.

State a festival in the Seoul Metropolitan Area that you have attended or know about.

请说说你曾参加过或知道的首都圈节日。

예 고양 국제꽃박람회는 매년 봄에 경기도 고양시에서 열리는 축제로 국내 최대
규모의 꽃 축제입니다.

05 환경오염에는 어떤 종류가 있는지 말하고, 환경오염의 해결 방법을 말해 보세요.

请说出环境污染有哪些类型，并说说解决环境污染的方法。

예 환경오염에는 수질오염, 대기오염, 토양오염 등이 있습니다. 환경오염의 해결 방법은 다음과 같습니다.

첫째, 수질오염은 인간의 활동으로 발생한 폐수가 강과 바다 등으로 흘러가 물이 오염되는 경우입니다. 하천, 강, 바다의 물을 깨끗하게 유지하기 위해 폐수 처리 시설을 개선해야 하고, 공장이나 가정에서는 유해 물질 배출을 줄여야 합니다.

둘째, 대기오염은 공장의 매연이나 자동차의 배기가스 등 인간의 활동으로 공기가 오염되는 경우입니다. 깨끗한 공기를 위해 자동차나 공장에서 나오는 가스를 규제해야 하고, 대신 태양광이나 풍력 등 친환경 에너지를 사용할 수 있도록 친환경 에너지를 개발해야 합니다.

셋째, 토양오염은 쓰레기나 농약 등 환경에 나쁜 폐기물을 버려서 땅이 오염되는 경우입니다. 농약 사용을 줄이고, 유해 폐기물 관리를 철저히 하여 오염된 땅을 복원시켜야 합니다.

넷째, 감각공해는 일상생활 속에서 미각·후각·시각·청각 등 인간의 감각을 통해 감지되는 공해입니다. 늦은 밤 전광판의 조명이나 층간 소음, 쓰레기에서 풍기는 악취 등이 모두 감각공해에 해당합니다. 이를 줄이기 위해서는 이웃을 배려하는 개인의 노력과 정부 차원의 정책이 필요합니다.

※ **이 책에 사용된 기호:** Ⓥ 동사, Verb, 动词　Ⓐ 형용사, Adjective, 形容词　Ⓝ 명사, Noun, 名词

빨리 보는 정답

01	02	03	04	05	06	07	08	09	10
②	③	③	①	④	③	③	①	②	③
11	12	13	14	15	16	17	18	19	20
②	④	③	②	②	③	①	①	②	④
21	22	23	24	25	26	27	28	29	30
③	③	①	①	②	②	②	①	④	④
31	32	33	34	35	36	37	38	39	40
③	②	④	④	①	④	④	④	③	②
41	42	43	44	45	46	47	48		
②	④	②	③	③	③	③	②		
49					50				
공공장소					만들면 / 발급받으면				

01　정답 ②

사진 속의 사람은 음악을 듣고 있으므로, 정답은 '음악을 들어요'이다.

Since the person in the picture is listening to music, the correct answer is "listen to music."

照片中的人正在听音乐，所以答案是"听音乐"。

02　정답 ③

Ⓝ + 에서: 어떤 행위나 동작이 이루어지는 장소를 나타낼 때 사용한다.

The grammar is used to indicate the place where an action or activity takes place.

用于表示某个行为或动作发生的地点。

03　정답 ③

① 춥다, cold, 冷 ↔ 덥다, hot, 热

② 어렵다, difficult, 困难 ↔ 쉽다, easy, 容易

③ 가볍다, light, 轻 ↔ 무겁다, heavy, 重

④ 재미있다, fun/interesting, 有趣 ↔ 재미없다, boring/uninteresting, 无趣

04 정답 ①

① 쉽다, easy, 容易 ↔ 어렵다, difficult, 困难
② 작다, small, 小 ↔ 크다, big/large, 大
③ 나쁘다, bad, 坏 ↔ 좋다, good, 好
④ 높다, high, 高 ↔ 낮다, low, 低

05 정답 ④

공부를 할 수 있는 장소는 '도서관'이다.
A place where you can study is the "library."
可以学习的地方是 "图书馆" 。

06 정답 ③

편식하다: 어떤 특정한 음식만을 가려서 즐겨 먹다.
Be picky about food: to choose and prefer only certain foods
偏食：只挑选特定喜欢的食物吃。
골고루: 두루 빼놓지 않고
Evenly/In a balanced way: without leaving anything out
均衡：不遗漏，全面摄取

07 정답 ③

'시간이 있어요.'는 '한가해요'와 비슷한 의미이고, '시간이 없어요.'는 '바빠요'와 비슷한 의미이다. '시간이 있어요?'라는 물음에 '아니요'라고 대답했으므로, 시간이 없다는 의미의 '바빠요'가 적절하다.
"I have time." (시간이 있어요) is similar to "I'm free," and "I don't have time." (시간이 없어요.) is similar to "I'm busy." Since the answer to "Do you have time?" (시간이 있어요?) was "No," the appropriate response is "I'm busy." (바빠요)
"有时间。" 意思类似于 "闲" , "没时间。" 意思类似于 "忙" 。当问 "有时间吗？" 时回答 "不" ，所以表示没有时间的 "忙" 最合适。

08 정답 ①

① 부족하다, insufficient/lacking, 不足 ↔ 충분하다, sufficient/enough, 充足
② 어렵다, difficult, 困难 ↔ 쉽다, easy, 容易
③ 나빠지다, worsen, 变坏 ↔ 좋아지다, improve/get better, 变好
④ 즐겁다, pleasant/enjoyable, 快乐 ↔ 괴롭다, painful/distressed, 痛苦

09 정답 ②

① 전입 신고: 거주지를 옮길 때 구청이나 행정복지센터에 신고하는 것
② 출생 신고: 아이가 태어났을 때 구청이나 행정복지센터에 신고하는 것
③ 사망 신고: 사람이 죽었을 때 구청이나 행정복지센터에 신고하는 것
④ 혼인 신고: 결혼한 사실을 구청이나 행정복지센터에 신고하는 것

① Move-in registration: Reporting to the district office or administrative welfare center when moving residence

入住申报：搬家时向区政府或行政福利中心申报

② Birth registration: Reporting to the district office or administrative welfare center when a child is born

出生申报：孩子出生时向区政府或行政福利中心申报

③ Death registration: Reporting to the district office or administrative welfare center when a person dies

死亡申报：人去世时向区政府或行政福利中心申报

④ Marriage registration: Reporting to the district office or administrative welfare center when a marriage takes place

结婚申报：结婚事实向区政府或行政福利中心申报

10 정답 ③

'활발하다'는 외향적이고 사교적인 성격을 말한다. 과거에는 그렇지 않았지만 지금은 친구들이 많아져서 외향적이고 사교적인 성격으로 변했다는 '활발해지고'가 적절하다.

"Outgoing/Sociable/Extroverted" (활발하다) means having an outgoing and sociable personality. It wasn't like this before, but now, with more friends, the person has become lively. Thus, "활발해지고" is appropriate.

"活泼" 指外向、善于社交的性格。过去不是，但现在朋友多了，变得外向、善于社交，所以 "活泼起来(활발해지고)" 最合适。

11 정답 ②

① 두렵다: 어떤 대상을 무서워하여 마음이 불안하다.

② 솔직하다: 거짓이나 숨김없이 바르고 곧다.

③ 캄캄하다: 아주 까맣게 어둡다.

④ 불투명하다: 말이나 태도, 상황 등이 분명하지 않다.

① Be afraid/Fearful: to feel anxious or scared of something

害怕：因为害怕某个对象而感到不安。

② Honest/Frank: truthful and straightforward without hiding anything

诚实：没有虚假或隐瞒，正直。

③ Pitch dark/Completely dark: very dark

漆黑：非常黑暗。

④ Unclear/Opaque: when words, behavior, or situations are not clear

不透明：语言、态度或情况不明确。

12 정답 ④

낭비하다: 재물이나 시간 따위를 아껴 쓰지 않고 마구 쓰다.

Waste: to use money, time, or resources carelessly or extravagantly

浪费：不节约使用财物或时间，随意浪费。

절약: 꼭 필요한 데만 써서 아낌

Save: to use only what is necessary and avoid waste

节约：只在必要时使用，节省

13 정답 ③

'바꾸다'와 비슷한 단어는 '변경하다'이다.

A word similar to "바꾸다" is "변경하다."

与 "바꾸다(改变)" 相似的单词是 "변경하다(变更)"。

변경하다: 다르게 바꾸어 새롭게 고치다.

Change: to alter something differently or make it new

变更：以不同方式修改，使其更新。

14 정답 ②

'줄어들다'와 비슷한 단어는 '감소하다'이다.

A word similar to "줄어들다" is "감소하다."

与 "줄어들다(减少)" 相似的单词是 "감소하다(减少)"。

감소하다: 양이나 수치가 줄다.

Decrease: to become smaller in amount or number

减少：数量或数值减少。

15 정답 ②

Ⓥ + -(으)러 가다/오다/다니다: 이동의 목적을 나타낼 때 사용한다.

The grammar is used to show the purpose of movement.

用于表示去做某个动作的目的。

예 버스를 타러 버스 정류장에 가요.

16 정답 ③

Ⓥ/Ⓐ + -(으)ㄹ 수 있다/없다: 어떤 행동이나 상태가 가능(또는 불가능)할 때 사용한다.

The grammar is used to express whether an action or state is possible or impossible.

用于表示某个行为或状态可能(或不可能)。

예 몸은 좀 괜찮아요? 내일 회의에 나올 수 있어요?

17 정답 ①

Ⓐ + -(으)ㄴ: 관형어의 기능을 하게 만들고, 현재의 상태를 나타낼 때 사용한다.

The grammar is used to make an adjective function as a modifier and to indicate the current state.

使其具备定语功能，并表示当前状态。

친하다: 다른 사람과 사귀어 가깝다.

Close (to): to have a close relationship with someone

亲近：与别人关系亲近。

예 어제 멋진 가방을 샀어요.

18 정답 ①

Ⓥ/Ⓐ + −(으)ㄴ/는데: 뒤에 이어지는 내용에 대한 상황을 설명할 때 사용한다.

The grammar is used to explain the situation for what follows.

用于说明后续内容的情况。

예 나는 이 치마가 좋은데 너는 어때?

19 정답 ②

Ⓥ + −(으)라고 하다: 다른 사람에게서 들은 명령의 내용을 전달할 때 사용한다.

The grammar is used to convey orders received from someone else.

用于传达别人给出的命令内容。

예 대리님께서 오늘까지 자료를 보내달라고 하셨어.

20 정답 ④

Ⓥ/Ⓐ + −(ㄴ/는)다고 하다, Ⓝ + (이)라고 하다: 주로 다른 사람에게서 들은 내용이나 정보를 전달할 때 사용한다.

The grammar is used mainly to relay information or content heard from others.

主要用于传达从别人听到的内容或信息。

예 그 공연은 다음 주부터 시작된다고 해요.

21 정답 ③

Ⓥ + −다시피: 듣는 사람이 이미 알고 있는 것과 같은 내용임을 나타낼 때 사용한다.

The grammar is used to indicate that the listener already knows the information.

表示听者已经知道的内容与所述内容相同。

알리다: 전하여 알게 하다.

Inform: to let someone know or notify

通知：传达使人知道。

예 보다시피 저희 이모는 키가 많이 커요.

22 정답 ③

Ⓥ/Ⓐ + −(으)ㄹ 정도로: 뒤에 오는 행동이나 상태가 앞말과 비슷한 정도를 나타낼 때 사용한다.

The grammar is used to show that the following action or state is similar in degree to what comes before.

表示后续行为或状态与前面内容相似的程度。

예 물이 믿기지 <u>않을 정도로</u> 깨끗해요.

23 정답 ①

Ⓥ/Ⓐ + −(으)면 좋겠다: 말하는 사람의 희망을 표현할 때 사용한다.

The grammar is used to express the speaker's hope or wish.

用于表达说话人的愿望。

① 여름휴가가 <u>길으면 좋겠어요</u>. ➡ 여름휴가가 <u>길면 좋겠어요</u>.

24 정답 ①

Ⓥ/Ⓐ/Ⓝ '이다' + −(으)니까: 뒤에 오는 말에 대하여 앞에 오는 말이 원인, 근거가 됨을 강조할 때 사용한다.

The grammar is used to emphasize that the preceding content is the cause or reason for what follows.

强调前项是后项的原因或依据。

① 지금은 <u>바쁘느라고</u> 다음에 통화해요. ➡ 지금은 <u>바쁘니까</u> 다음에 통화해요.

25 정답 ②

Ⓥ/Ⓐ/Ⓝ '이다' + −기는요: 상대방의 말을 가볍게 부정하거나 반박할 때 사용한다.

The grammar is used to lightly deny or refute what the other person said.

用于轻微否定或反驳对方的话。

예 가: 유민 씨 발표 준비를 많이 하셨나 봐요.

　　나: 많이 <u>하기는요</u>. 시간이 부족해서 겨우 마무리했어요.

26　정답 ②

Ⓥ/Ⓐ + -았/었던: 과거의 반복된 사건이나 행위, 상태를 회상하거나 과거 행위가 현재까지 지속되지 않음을 나타낼 때 사용한다.

The grammar is used to recall repeated past actions, events, or states, or to indicate that past actions have not continued to the present.

回忆过去重复发生的事件、行为或状态，或表示过去行为不延续到现在。

예 이 과자는 제가 어릴 때 자주 먹었던 과자예요.

27　정답 ②

Ⓥ/Ⓐ + -(으)냐고 하다/묻다, Ⓝ '이다' + -냐고 하다/묻다: 다른 사람이 한 질문을 전달할 때 사용한다.

The grammar is used to relay a question asked by someone else.

用于转述他人的提问。

② 친구가 문자를 보내자고 물어봤어요. ➡ 친구가 문자를 보냈냐고 물어봤어요.

28　정답 ①

Ⓥ/Ⓐ + -(으)ㄹ수록: 앞 내용의 상황이나 정도가 더 심해질 경우 뒤 내용의 결과나 상황도 그에 따라 더하거나 덜하게 될 때 사용한다.

The grammar is used to indicate that when the situation or degree of the preceding content increases or decreases, the following result or situation changes accordingly.

表示前项情况或程度加重时，后项结果或情况也随之增减。

① 한국어는 배우니까 점점 어려워져요. ➡ 한국어는 배울수록 점점 어려워져요.

29　정답 ④

'일이 많으면'과 '토요일에도 일을 합니다.'라는 의미는 일이 많으면 일을 더 해야 한다는 의미이므로, '밤에도 일을 합니다'가 적절하다.

The phrases "If there is a lot of work" and "I work on Saturdays too" imply that more work needs to be done when there is a lot of work, so "I work at night too" is appropriate.

"如果工作多"与"周六也工作。"的意思是，如果工作多就需要做更多工作，因此，"晚上也工作"更合适。

30 　정답 ④

앞 문장에서 '병원은 오전에는 사람이 많고'라고 하였으므로, 이와 연결할 수 있는 단어로 '복잡하다'가 적절하다.

In the previous sentence, it was stated that "The hospital is busy in the morning," so the word "crowded" is appropriate to connect with this.

前文"医院上午人多"，与之对应的词为"拥挤"。

31 　정답 ③

한글은 위에서 아래로, 왼쪽에서 오른쪽으로 쓴다.

Hangeul is written from top to bottom and from left to right.

韩文书写顺序是从上到下，从左到右。

32 　정답 ②

유명하다: 많은 사람이 알 정도로 널리 알려져 있다.

Famous: widely known to many people

有名、著名：表示广为人知，很多人知道。

33 　정답 ④

에스엔에스(SNS): 소셜 네트워크를 형성하여 다른 사람들과 교류할 수 있도록 응용 프로그램이나 누리집 따위를 관리하는 서비스를 말함. 엑스(트위터), 페이스북, 인스타그램, 카카오톡 등이 있음

SNS(Social Networking Service): a service that manages applications or websites to form social networks and interact with others. Examples include X(Twitter), Facebook, Instagram, and KakaoTalk.

社交网络服务（SNS）：指通过应用程序或网站等管理服务，形成社交网络并与他人交流。

如 X(Twitter)、Facebook、Instagram、KakaoTalk 等

34　정답 ④

① 손으로 직접 편지를 쓰는 것이 좋다. ➡ 글에서 알 수 없는 내용이다.

② 현대에는 많은 사람이 손 편지를 선호한다. ➡ 예전에는 다른 사람에게 소식을 전하기 위해 직접 손으로 편지를 쓰거나 전화를 걸어야 했다.

③ 요즘은 이메일과 문자 메시지를 거의 사용하지 않는다. ➡ 이메일이나 문자 메시지보다 SNS로 서로의 소식을 전한다고 하였으나 이것이 이메일과 문자 메시지를 거의 사용하지 않는다는 의미는 아니다.

① It is better to write letters by hand. ➡ This cannot be determined from the text.

亲手写信比较好。➡ 文中无法得知此内容。

② Nowadays, many people prefer handwritten letters. ➡ In the past, to share news with others, people had to write letters by hand or make phone calls.

现代许多人偏好手写信。➡ 过去为了将消息传达给别人，需要亲手写信或打电话。

③ Nowadays, emails and text messages are rarely used. ➡ Although the text says people share news through SNS rather than email or text messages, this does not mean that emails and text messages are rarely used.

现在几乎不使用电子邮件和短信。➡ 虽然文中提到用 SNS 传递消息，但并不意味着几乎不用电子邮件和短信。

35　정답 ①

② 가사 재판은 법적으로 문제를 해결할 수 있는 유일한 재판입니다. ➡ 재판에는 민사 재판, 형사 재판, 가사 재판 등이 있다.

③ 재판으로 문제를 해결하면 시간과 노력이 많이 소요되지 않습니다. ➡ 재판은 시간도 오래 걸리고, 서로를 힘들게 한다.

④ 갈등이 생겼을 때는 가능한 한 법적으로 해결하는 것이 가장 좋습니다. ➡ 갈등이 생겼을 때 법적으로 해결하기보다 서로 잘 협의하는 것이 중요하다.

② Family court cases are the only trials that can legally resolve certain issues. ➡ Trials include civil, criminal, and family cases.

家事审判是唯一能通过法律解决问题的审判。➡ 审判包括民事审判、刑事审判、家事审判等。

③ Solving problems through a trial does not take much time or effort. ➡ Actually, trials take a long time and are stressful for both parties.

通过审判解决问题不耗费太多时间和精力。➡ 审判需要时间，也会让双方都辛苦。

④ When conflicts arise, it is best to resolve them legally. ➡ However, it is more important to discuss and agree with each other rather than rely solely on legal measures.

遇到冲突时尽可能通过法律解决是最好的。➡ 与其法律解决冲突，更重要的是通过协商解决。

갈등: 서로 이해관계가 달라 대립하거나 충돌을 일으킴

Conflict: a disagreement or clash due to differing interests

纠葛、纠结：双方因利益不同而对立或冲突

다툼: 의견이나 이해가 달라 서로 싸움

Dispute: a fight or argument caused by differing opinions or interests

争斗、打架、纠纷：因意见或利益不同而产生争执

36 정답 ④

① 모든 외국인은 한국인과 동등하게 국민연금 가입 대상이 된다. ➡ 체류 자격과 가입 제외 나라가 존재하기 때문에 모든 외국인에게 적용되지 않는다.

② 60세라도 소득이 있는 사람은 의무적으로 국민연금에 가입해야 한다. ➡ 60세 미만으로서 소득이 있는 사람은 의무적으로 국민연금에 가입해야 한다.

③ 생활이 어려운 국민의 최저 생활을 보장하기 위해 지원하는 제도이다. ➡ 생활이 어려운 국민의 최저 생활을 보장하기 위해 지원하는 제도는 공공부조이다.

① All foreigners are eligible for the National Pension on the same basis as Koreans. ➡ This does not apply to all foreigners because eligibility depends on visa status and some countries are exempt.

所有外国人都与韩国人一样有资格加入国民养老金。➡ 由于存在签证类型限制和被排除在加入对象之外的国家，因此并非适用于所有外国人。

② Even at 60 years old, people with income must enroll in the National Pension. ➡ Actually, only those under 60 with income are required to enroll.

即使满60岁的人，只要有收入，也必须强制加入国民年金。➡ 60 岁以下且有收入的人必须加入国民养老金。

③ It is a system that supports citizens to guarantee a minimum standard of living. ➡ A system that provides support to ensure a minimum standard of living for citizens in need is called public assistance.

为保障生活困难国民的最低生活而提供的制度。➡ 为保障生活困难国民最低生活的制度是公共救助。

37 정답 ④

휴가철에 여행을 가고 싶은데 식비로 큰 지출이 있었기 때문에 집에서 요리하기, 할인 카드 사용하기, 포인트와 쿠폰 적립하기 등의 방법으로 식비를 줄여서 여행 비용을 모으기 위해 계획 중이다.

I want to travel during vacation season, but since I spent a lot on food, I plan to save money for the trip by cooking at home, using discount cards, and collecting points and coupons.

假期想去旅行，但因餐饮支出较大，因此计划通过在家做饭、使用折扣卡、积累积分和优惠券等方式节省餐费，为旅行费用做准备。

38 정답 ④

집 주변과 집 내부를 살펴보며 집을 구할 때 확인해야 할 점에 대해 설명하고 있으므로, '집을 구할 때의 확인 사항'이 적절하다.

The text talks about checking the surroundings and interior when looking for a house, so "things to check when finding a house" is appropriate.

文中通过观察房屋周边及内部，说明找房时需要确认的事项，因此 "找房时的确认事项" 最合适。

39 정답 ③

경주는 과거 통일 신라의 수도로, 불국사와 석굴암 등 많은 문화유산이 남아 있는 도시이다. 지금도 많은 사람이 신라의 유적과 아름다운 자연 풍경을 보기 위해 경주를 찾는다.

Gyeongju was the capital of the Unified Silla Kingdom and is a city with many cultural heritages such as Bulguksa Temple and Seokguram Grotto. Even today, many people visit Gyeongju to see Silla's historical sites and beautiful natural scenery.

庆州是过去统一新罗的首都，是拥有佛国寺、石窟庵等众多文化遗产的城市。即使现在，仍有许多人为了观赏新罗遗迹和美丽的自然风光而前往庆州。

40 정답 ②

① 어버이날(5월 8일): 부모님에 대한 은혜에 감사함을 일깨워 주는 목적으로 만들어진 날

② 스승의 날(5월 15일): 선생님에 대한 은혜에 감사함을 일깨워 주는 목적으로 만들어진 날

③ 부부의 날(5월 21일): 건전한 가족 문화의 정착과 가족 해체 예방을 목적으로 만들어진 날

④ 성년의 날(5월 셋째 주 월요일): 성인이 되었음을 축하하고 책임감을 일깨워 주는 목적으로 만들어진 날

① Parents' Day: created to remind people to appreciate the blessings of their parents

父母节：旨在唤起人们对父母恩情的感激之情而设立的日子

② Teachers' Day: created to remind people to appreciate the blessings of their teachers

教师节：旨在唤起人们对老师恩情的感激之情而设立的日子

③ Couples' Day: aimed at establishing a healthy family culture and preventing family breakdowns

夫妻节：旨在促进健康的家庭文化和预防家庭解体而设立的日子

④ Coming-of-age Day: to celebrate reaching adulthood and remind young people of their responsibilities

成年节：庆祝成年并唤起责任感而设立的日子

41 정답 ②

한국의 중학교 교육 기간은 3년이다.

The middle school education period in Korea is three years.

韩国初中教育年限为 3 年。

42 정답 ④

동지는 1년 중 밤이 가장 길고, 낮이 가장 짧은 날이다. 동지에 먹는 대표적인 음식은 팥죽이다.

Dongji (Winter Solstice) is the day with the longest night and shortest day of the year. A representative food eaten on Dongji is red bean porridge.

冬至是一年中夜晚最长、白天最短的一天。冬至的代表性食物是红豆粥。

43 정답 ②

① 삼일절(3월 1일): 대한민국이 일본의 식민 통치에 맞서, 독립선언서를 발표하여 한국의 독립 의사를 세계에 알린 날을 기념하는 국경일
② 광복절(8월 15일): 일본에 빼앗겼던 대한민국의 주권을 다시 찾은 날을 기념하고, 대한민국 정부수립을 축하하는 국경일
③ 제헌절(7월 17일): 대한민국 헌법을 제정하고 공포한 것을 기념하는 국경일
④ 개천절(10월 3일): 단군이 최초의 민족 국가인 (고)조선을 건국했음을 기리는 뜻으로 제정된 국경일

① Independence Movement Day: commemorating the day Korea declared independence from Japanese colonial rule and announced it to the world

三一节：纪念大韩民国为抵抗日本殖民统治而发表独立宣言书，向世界宣告韩国独立意志的国定假日

② Liberation Day: commemorating Korea regaining sovereignty from Japan and celebrating the establishment of the Republic of Korea

光复节：纪念从日本手中重新夺回大韩民国主权，并庆祝大韩民国政府成立的国定假日

③ Constitution Day: commemorating the enactment and proclamation of the Korean Constitution

制宪节：纪念大韩民国宪法制定和公布的国定假日

④ National Foundation Day: commemorating Dangun's founding of the first Korean nation, Gojoseon

开天节：纪念檀君建立最初民族国家(古)朝鲜而设立的国定假日

44 정답 ③

한국에서는 약국이 문을 닫은 야간이나 휴일에도 약을 구입할 수 있도록 편의점에서 해열제, 진통제, 소화제, 감기약, 파스 등을 판다.

In Korea, convenience stores sell fever reducers, painkillers, digestive medicine, cold medicine, and patches even at night or on holidays when pharmacies are closed.

在韩国，即便药店在夜间或节假日关门，也可以在便利店购买退烧药、止痛药、消化药、感冒药、膏药等药品。

45 정답 ③

한국에는 '어려울 때는 먼 친척보다 가까운 이웃이 낫다.'라는 속담이 있다. 이 속담의 의미는 어떨 때는 가까운 가족이나 친척보다 먼 이웃사촌이 더 잘 보살펴 주고, 도와주는 일이 많다는 뜻이다. 그러나 현대에는 아파트와 오피스텔에 거주하는 인구가 늘고, 핵가족과 1인 가구 등 소형 가구의 증가로 이웃과 소통이 끊기면서 이웃사촌의 개념이 점점 사라지고 있다.

In Korea, there is a proverb: "A close neighbor is better than a distant relative in times of need." This means that sometimes a distant neighbor takes better care of you than family. However, in modern times, as more people live in apartments or one-person households, and communication with neighbors decreases, the concept of a close neighbor is gradually disappearing.

韩国有句谚语："困难时，远亲不如近邻。"

这句谚语的意思是，有时邻居比亲近的家人更能照顾和帮助你。但现代随着居住在公寓和办公楼的人口增加，以及核心家庭和单身家庭等小型家庭的增多，邻里间的交流减少，"近邻"的概念逐渐消失。

이웃사촌: 서로 이웃하여 다정하게 지내면서 사촌과 같이 가깝게 된 이웃

Neighbor cousin: a neighbor with whom one lives closely and gets along as if they were a cousin.

邻居亲戚：互为邻居，友好相处，像表兄弟一样亲近的邻居

46 정답 ③

한국 학생들의 대학교 진학률은 70%로 OECD 회원국 중에서 높은 비율을 차지한다. 이러한 결과로 한국은 교육열이 높은 나라임을 알 수 있다.

The university entrance rate of Korean students is 70%, one of the highest among OECD countries. This shows that Korea has a strong interest in education.

韩国学生的大学升学率为 70%，在 OECD 成员国中占比很高。这一结果表明韩国是一个教育热情很高的国家。

47 정답 ③

민주주의: 주권이 국민에게 있고 그 주권을 스스로 행사하는 제도 또는 그러한 정치를 지향하는 사상

Democracy: a system or ideology in which sovereignty belongs to the people and is exercised by the people themselves

民主主义：主权属于人民，并由人民自行行使主权的制度，或以此为目标的政治思想

의사: 마음먹은 생각, 뜻, 의도

Mind/Idea: one's thought, will, or purpose

意图：心中所想的想法、意志、目的

48 정답 ②

행정안전부에서 각종 재난이 발생했을 때 이동통신사를 통해 모든 국민에게 재난을 알리는 문자를 보낸다.

The Ministry of the Interior and Safety sends disaster alert messages to all citizens via mobile carriers when various disasters occur.

韩国行政安全部在发生各种灾害时，会通过移动通信公司向所有国民发送灾害警报短信。

49 **공공장소**

공공장소란 병원, 도서관, 지하철역과 같이 여러 사람이나 여러 단체가 이용되는 곳을 말한다.

A public place refers to a location shared or used by multiple people or organizations, such as hospitals, library, or subway stations.

公共场所是指医院、图书馆、地铁站等属于多人或多个团体共同使用的地方。

50 **만들면 / 발급받으면**

Ⓥ/Ⓐ + -(으)면: 뒤에 오는 말에 대한 근거나 조건이 될 때 사용한다.

The grammar is used to show that what comes before provides a reason or condition for what comes next.

表示后面的话是前面内容的依据或条件。

01–02

　한국 사람들은 사회에서 친목을 도모하기 위해 '동창회'와 '동호회'에 자주 참석한다. 동창회는 같은 학교를 졸업한 사람들이 모여 친목을 다지고, 모교와 관계를 이어가기 위해 만들어진 모임이다. 한편, 동호회는 등산, 악기 연주, 스포츠 등 공통된 취미를 함께 즐기는 사람들의 모임이다. 사람들은 동호회에 가입해 취미를 즐기는 것은 물론, 새로운 사람들과 교류하고 다양한 정보를 얻으면서 인간관계를 넓히기도 한다.

01　위의 글을 소리 내어 읽어 보세요.

Read the above text and answer the following questions.

请大声朗读上面的文章。

Tip 발음의 정확성, 띄어 읽기, 유창성, 속도 등에 유의하며 읽습니다.

02　1) 동창회는 어떤 모임입니까?

What kind of gathering is an alumni meeting?

校友会是怎样的聚会?

예 같은 학교를 졸업한 사람들이 모여 서로 친목을 도모하고 모교와 연락하기 위하여 만들어진 모임입니다.

2) 동호회는 어떤 모임입니까?

What kind of gathering is a club or hobby group?

同好会是怎样的聚会?

예 등산, 악기 연주, 스포츠 등 공통된 취미를 가진 사람들이 함께 활동하는 모임입니다.

3) 동호회에 가입하면 어떤 점이 좋습니까?

What are the benefits of joining a club or hobby group?

加入同好会有什么好处?

예 동호회에 가입하면 함께 취미 활동을 하는 것은 물론이고, 다양한 정보도 수집하며 새로운 사람들을 사귈 수 있는 점이 좋습니다.

03 1) ______ 씨는 한국에서 어떤 동호회에 가입하고 싶은지 말해 보세요.

State which club or hobby group you want to join in Korea.

请说说您在韩国想加入哪种同好会。

Tip 본인이 가입하고 싶은 동호회를 말하면 됩니다.

2) ______ 씨 고향에는 어떤 모임이 있는지 말해 보세요.

State what kinds of gatherings exist in your hometown.

请说说您家乡有什么样的聚会。

Tip 동창회나 동호회 등 본인의 고향에 있는 모임을 말하면 됩니다.

04 1) 한국의 무형문화재와 유형문화재에는 어떤 것이 있는지 말해 보세요.

State what intangible and tangible cultural heritage exists in Korea.

请说说韩国的无形文化财与有形文化财有哪些。

예 경주에 있는 불국사는 신라시대 불교문화를 보여 주는 유형문화재입니다. 돌로 만든 석조 구조물과 나무로 만든 건물이 잘 어울려 아름답습니다. 또한 한국 사람들은 겨울을 준비하기 위해 많은 양의 김치를 담그는 김장을 합니다. 지역마다 만드는 방법이 조금씩 다르며, 가족과 이웃이 함께 모여 김치를 나누어 먹는 한국의 음식 문화를 보여 주는 중요한 무형문화재입니다.

2) 한국의 기록유산과 자연유산에는 어떤 것이 있는지 말해 보세요.

State what record heritage and natural heritage exists in Korea.

请说说韩国的记录遗产与自然遗产有哪些。

예 한국의 대표적인 기록유산은 세종대왕이 만든 훈민정음입니다. 훈민정음은 소리 나는 대로 쉽게 적을 수 있게 만든 글자로, 누구나 쉽게 배울 수 있어 한국 역사에 큰 변화를 주었습니다. 자연유산으로는 한국의 갯벌이 있습니다. 서천갯벌, 고창갯벌, 신안갯벌 등 한국의 갯벌은 유네스코 세계유산으로 등재되었습니다. 갯벌에는 다양한 동식물이 살며, 자연환경과 인간의 생활이 서로 연결되어 있음을 보여줍니다.

3) ______ 씨 고향에는 어떤 문화유산이 있는지 말해 보세요.

State what cultural heritage exists in your hometown.

请说说您家乡有什么文化遗产。

Tip 본인의 고향에 있는 문화유산을 소개하면 됩니다.

05 **1) 한국에는 어떤 대중문화가 있는지 말해 보세요.**

请说说韩国有哪些大众文化。

예 한국의 대표적인 대중문화로 케이팝(K-pop)이 있습니다. K-pop은 다양한 음악 스타일과 멋진 안무로 전 세계 사람들이 좋아합니다. 그 중심에는 아이돌(Idol)이 있습니다. 많은 팬이 아이돌 가수의 노래와 춤을 보며 한국 문화를 함께 즐기고 있습니다.

2) 한국에는 어떤 '방' 문화가 있는지 말해 보세요.

State what kinds of "room" culture exists in Korea.

请说说韩国有哪些"房间"文化。

예 한국에는 노래방, 피시방(PC방), 만화방, 빨래방 등 다양한 '방' 문화가 있습니다. 저는 게임하는 것을 좋아해 PC방을 자주 갑니다. 특히 한국의 PC방에서는 음식을 컴퓨터로 주문하여 게임을 하면서 음식을 먹을 수 있는 점이 재미있습니다.

※ 이 책에 사용된 기호: Ⓥ 동사, Verb, 动词   Ⓐ 형용사, Adjective, 形容词   Ⓝ 명사, Noun, 名词

빨리 보는 정답

01	02	03	04	05	06	07	08	09	10
①	③	②	②	①	③	②	④	①	④
11	12	13	14	15	16	17	18	19	20
④	③	②	①	④	③	④	④	③	②
21	22	23	24	25	26	27	28	29	30
①	④	①	④	③	②	①	③	②	②
31	32	33	34	35	36	37	38	39	40
②	③	①	①	②	③	③	①	③	③
41	42	43	44	45	46	47	48		
②	④	①	③	②	③	①	②		

49	50
따뜻한	좋아질 뿐만 아니라 / 좋아지는 데다가 / 좋아지고

01 정답 ①

사진 속의 사람들은 회의, 발표 등 업무와 관련된 행동을 보여 주므로 정답은 '일해요'이다.

The people in the picture are engaged in work-related activities, such as meetings and presentations, so the correct answer is "working."

照片中的人正在进行会议、演讲等与工作相关的活动，因此答案是"工作"。

02 정답 ③

Ⓝ + 도: 이미 있는 어떤 것에 다른 것을 더하거나 포함할 때 사용한다.

The grammar is used to add or include something to what already exists.

用于在已有事物上增添或包含其他事物。

03 　[정답] ②

① 높다, high, 高 ↔ 낮다, low, 低
② 넓다, wide, 宽 ↔ 좁다, narrow, 窄
③ 짧다, short, 短 ↔ 길다, long, 长
④ 멀다, far, 远 ↔ 가깝다, near, 近

04 　[정답] ②

① 작다, small, 小 ↔ 크다, big/large, 大
② 적다, few/little, 少 ↔ 많다, many/much, 多
③ 있다, exist, 有 ↔ 없다, not exist, 没有
④ 나쁘다, bad, 坏 ↔ 좋다, good, 好

05 　[정답] ①

이가 아플 때 가는 곳은 '치과'이다.
The place you go when you have a toothache is "the dental clinic."
牙痛时去的地方是 "牙科"。

06 　[정답] ③

벌써: 시간이 어느 사이에 가는지 모르게, 예상보다 빨리, 생각보다 일찍
Already: earlier than expected or sooner than you realize
已经：表示时间不知不觉过去，比预想快，比想象早

07 　[정답] ②

② 벗다 ↔ 쓰다/입다/신다/두르다/하다/차다
　　take off ↔ wear/put on
　　脱 ↔ 穿/戴/围/做/佩戴

알아두기 ✔

착용 동사 Verbs for wearing (clothes) 穿戴动词
- 옷/외투/치마/바지/윗옷 + **입다**
- 양말/신발 + **신다**
- 귀걸이/목걸이 + **하다**
- 모자/안경/마스크 + **쓰다**
- 목도리/스카프 + **두르다/하다**
- 시계/팔찌 + **차다**

08 　정답 ④

② 조용하다, quiet, 安静 ↔ 시끄럽다, noisy, 吵闹

③ 불편하다, uncomfortable, 不舒服 ↔ 편하다, comfortable, 舒服

④ 어렵다, difficult, 困难 ↔ 쉽다, easy, 容易

09 　정답 ①

외식: 집에서 요리하지 않고 밖에서 음식을 사 먹음

Eat out: buying and eating food outside instead of cooking at home

外食：不在家做饭而在外购买食物

식비: 먹는 데에 드는 비용

Food expenses: money spent on eating

食费：吃饭所花的费用

10 　정답 ④

Ⓥ + -는 동안: 앞에 오는 말이 나타내는 행동이나 상태가 계속되는 시간을 나타낼 때 사용한다.

The grammar is used to indicate the duration of the action or state mentioned before.

表示前项动作或状态持续的时间。

입원하다: 환자가 치료를 받기 위해서 일정 기간 병원에 들어가다.

Be hospitalized : a patient enters a hospital for treatment for a certain period.

住院：为了接受治疗而在医院停留一定时间。

11 　정답 ④

결제하다: 물건 값이나 내어 줄 돈을 주고 거래를 끝내다.

Pay: to give money for a product or service to complete a transaction

结账：付钱结束交易。

12 　정답 ③

익숙하다: 자주 대하거나 겪어 잘 아는 상태에 있다.

Familiar (to): being in a state of knowing well due to frequent experience

熟悉：经常接触或经历而了解的状态。

실수: 부주의로 잘못을 함. 말이나 행동이 예의에 어긋남

Mistake: doing something wrong due to carelessness

失误：因粗心造成的错误，言行不符合礼仪

13 정답 ②

'저렴하다'와 비슷한 단어는 '싸다'이다.
A word similar to "저렴하다" is "싸다."
与"便宜"相似的单词是"便宜"。

Ⓥ/Ⓐ + −게: 뒤에 오는 내용의 정도나 방법 등을 보충할 때 사용한다.
The grammar is used to provide additional information about the degree or manner of what follows.
用于补充说明后项的程度或方式。

저렴하다: 값이 보통보다 싸다.
Cheap: the price is lower than usual.
便宜：价格比平常便宜。

14 정답 ①

'전망'과 비슷한 단어는 '경치'이다.
A word similar to "전망" is "경치."
与"景观"相似的单词是"风景"。

전망: 넓고 먼 곳을 멀리 바라봄
View/Scenery: looking far into a wide or distant area
景观：远眺广阔的地方

15 정답 ④

Ⓥ/Ⓐ/Ⓝ '이다' + −거나: 선택할 수 있는 두 가지 이상을 말할 때 사용한다.
The grammar is used when presenting two or more options to choose from.
用于表示可选择的两个或以上事物。

예 저는 주말에 보통 친구를 만나거나 영화를 봐요.

16 정답 ③

Ⓥ/Ⓐ + −(으)ㄹ까요: 상대방의 생각이나 의견을 묻거나 제안할 때 사용한다.
The grammar is used to ask for the other person's thoughts or opinions, or to make a suggestion.
用于询问对方的想法或提建议。

예 내일 서점에 같이 갈까요?

17 정답 ④

Ⓥ/Ⓐ + −(으)면 좋겠다: 말하는 사람의 희망을 말할 때 사용한다.

The grammar is used to express the speaker's hope or wish.

用于表达说话人的愿望。

준비하다: 미리 마련하여 갖추다.

Prepare: to get something ready in advance

准备：事先准备好。

예 이번 주말은 날씨가 맑았으면 좋겠어요.

18 정답 ④

Ⓥ/Ⓐ + −(으)ㄹ 것 같다: 어떤 일에 대한 추측을 나타낼 때 사용한다.

The grammar is used to indicate a guess or speculation about an event or situation.

用于表示对某件事的推测。

예 내일 비가 올 것 같아요.

19 정답 ③

Ⓥ/Ⓐ + −(으)ㄴ 적이 있다/없다: 과거의 사건이나 경험을 말할 때 사용한다.

The grammar is used to talk about past events or experiences.

用于谈论过去的事件或经历。

예 저는 한 번도 남자친구와 싸운 적이 없어요.

20 정답 ②

Ⓥ/Ⓐ + −(으)려면: 어떤 상황을 가정한 뒤 구체적인 상황에 대한 바람을 나타낼 때 사용한다.

The grammar is used to express a wish about a specific situation after assuming a certain condition.

用于假设某种情况后表示具体的愿望或要求。

예 운동 중 다치지 않으려면 스트레칭을 열심히 해야 합니다.

21 정답 ①

Ⓥ/Ⓐ + -(으)면 되다: 조건이 되는 어떤 행동을 하거나 어떤 상태만 갖추어지면 문제가 없을 때 사용한다.

The grammar is used when performing a certain action or having a certain condition is enough to avoid problems.

表示只要具备某种条件或状态就没有问题。

예 친구를 위로하기 위해서는 함께 공감해 주면 돼요.

22 정답 ④

Ⓥ/Ⓐ + -(으)ㄹ 수밖에 없다: 그것 말고는 다른 방법이나 가능성이 없음을 나타낼 때 사용한다.

The grammar is used to indicate that there is no other way or possibility.

表示除此之外没有其他方法或可能。

예 비가 많이 와서 집에 있을 수밖에 없어.

23 정답 ①

Ⓥ/Ⓐ + -(ㄴ/는)다고 하다, Ⓝ + (이)라고 하다: 주로 다른 사람에게서 들은 내용이나 정보를 전달할 때 사용한다.

The grammar is used mainly to relay information or content heard from others.

主要用于传达从别人听到的内容或信息。

① 다음 학기에 유학을 가는다고 해요. ➡ 다음 학기에 유학을 간다고 해요.

24 정답 ④

Ⓥ + -(으)ㄹ 텐데: 어떤 내용에 대해 말하는 사람의 추측을 나타낼 때 사용한다.

The grammar is used to indicate the speaker's speculation about a certain matter.

用于表示说话人对某件事的推测。

④ 주말이라 많이 바쁘실 테니까 와 주셔서 감사합니다. ➡ 주말이라 많이 바쁘실 텐데 와 주셔서 감사합니다.

25   정답 ③

Ⓥ + -(으)ㄴ/는다고 하다, Ⓐ + -다고 하다: 말하는 사람의 생각이나 의견을 나타낼 때 사용한다.

The grammar is used to express the speaker's thoughts or opinions.

用于表达说话人的想法或意见。

예 동생에게 내가 거짓말한 것에 대해 <u>미안하다고</u> 사과했어.

26   정답 ②

Ⓥ + -(으)ㄹ 만하다: 어떤 행동을 하는 것이 충분히 가능할 때 사용한다.

The grammar is used to show that an action is possible or feasible.

用于表示某个行为是可以做到的。

예 열이 좀 있기는 한데 <u>참을 만해</u>.

27   정답 ①

Ⓝ + 조차: 그 상황 이상의 것이 더해짐을 나타낼 때 사용한다.

The grammar is used to indicate that something extra or additional is added to a situation.

用于表示在某一情况之外，还进一步附加了其他事物。

① 배탈이 나서 <u>물이나</u> 못 마셨어요. ➡ 배탈이 나서 <u>물조차</u> 못 마셨어요.

28   정답 ③

Ⓥ/Ⓐ + -(으)ㄴ/는 척하다: 실제로 그렇지 않은데 어떤 행동이나 상태를 거짓으로 꾸밀 때 사용한다.

The grammar is used to pretend or falsely express an action or state that is not actually true.

表示实际并非如此，但假装某种行为或状态。

③ 부모님이 걱정하실까 봐 잘 <u>지내는지 몰라요</u>. ➡ 부모님이 걱정하실까 봐 잘 <u>지내는 척해요</u>.

29   정답 ②

'선생님'을 보고 '학교'를 생각할 수 있으며, 앞뒤 내용으로 보아 '감기에 걸려서 학교에 가지 않았다'가 적절하다.

When seeing "teacher," one can think of "school," and based on the context, "I didn't go to school because I caught a cold" is appropriate.

看到"老师"就能想到"学校"，根据前后文，"因为感冒没去学校"最合适。

30 ②

자신의 계좌를 다른 사람에게 빌려주거나 다른 사람의 이름을 빌려서 계좌를 만들면 법적으로 벌을 받는다. 그러므로 '처벌을 받게 된다'가 적절하다.

If you lend your bank account to someone else or open an account in someone else's name, you can be legally punished. Therefore, "will be punished" is appropriate.

如果把自己的账户借给别人或者借用他人名字开账户，会受到法律处罚，所以 "会受到处罚" 最合适。

처벌: 범죄를 저지른 사람에게 국가나 특정 기관이 제재나 벌을 줌

Punishment: a sanction or penalty given by the state or a specific authority to someone who has committed a crime

处罚：国家或特定机构对犯罪行为给予的制裁或惩罚

31 ②

'일주일이 지난 후에는 교환이나 환불이 어렵습니다.'라는 문장을 보아 앞에는 물건을 구매한 지 일주일 이내에는 교환이나 환불을 할 수 있다는 의미가 와야 하므로, '가능하다'가 적절하다.

From the sentence "After a week, exchange or refund is difficult," the previous part should mean that exchange or refund is possible within a week of purchase. Therefore, "possible" is appropriate.

根据 "过一周后很难退换货。" 这句话，前文应表示在购买后一周内可以退换货，因此 "可以" 最合适。

32 ③

직장에서 승진하고, 높은 연봉을 받는 것과 비슷한 의미로 '사회적 성공'이 적절하다.

With the meaning of being promoted at work and earning a high salary, "social success" is appropriate.

在职场晋升并获得高薪，因此 "社会成功" 最合适。

33 ①

㉠의 뒤에서 '빨래가 잘 마른다'라는 문장으로 보아 '햇빛'이 적절하다.

Based on the following sentence "The laundry dries well," "sunlight" is appropriate.

根据　后面的 "衣服干得很好" 这句话，可知 "阳光" 最合适。

34 정답 ①

이사한 집 주변의 설명이다. 이사한 집은 도보 10분 거리에 지하철과 버스 정류장이 있으므로, '역세권'이 적절하다.

This describes the area around the new house. Since the new house is within a 10-minute walk to the subway and bus stops, "near a station" (역세권) is appropriate.

文章在介绍搬家后新家的周边环境。新家步行10分钟内有地铁和公交站，因此 "车站周边" 最合适。

역세권: 기차나 지하철역 주변의 사람들이 많이 다니는 지역

Near a station/Station district/Area adjacent to a station: an area around a train or subway station with heavy foot traffic.

车站周边：指火车或地铁站周边人流量多的区域

35 정답 ②

① 24시간 문을 여는 편의점을 찾기 어렵다. ➡ 편의점은 24시간 문이 열려 있어서 늦은 밤이나 새벽에도 쉽게 음식을 구할 수 있다.

③ 편의점에서 구입한 음식은 30초 안에 먹어야 한다. ➡ 편의점 음식은 이미 조리가 되어 있어 전자레인지에 30초 정도만 데우면 바로 먹을 수 있다.

④ 편의점 음식은 새벽에 가면 할인된 가격으로 살 수 있다. ➡ 글에서 알 수 없는 내용이다.

① It is difficult to find a convenience store open 24 hours. ➡ Convenience stores are open 24 hours, so you can easily get food even late at night or early in the morning.

找全天24小时营业的便利店很困难。➡ 便利店24小时营业，即使深夜或凌晨也能轻松购买食物。

③ The food bought at a convenience store must be eaten within 30 seconds. ➡ Convenience store food is already prepared, so heating it in a microwave for about 30 seconds is enough to eat it immediately.

便利店购买的食物应该在30秒内吃掉。➡ 便利店的食物已经烹调好，只需用微波炉加热约30秒即可食用。

④ You can buy convenience store food at a discounted price if you go early in the morning. ➡ This information cannot be determined from the text.

便利店食物在凌晨去可以买到折扣价。➡ 文章中无法得知此信息。

36 정답 ③

① 비타민D 부족은 빠른 치료가 필요하다. ➡ 글에서 알 수 없는 내용이다.

② 겨울에는 강한 햇빛을 피해 산책하는 것이 좋다. ➡ 겨울에는 햇빛이 가장 강한 낮 12시부터 30분 정도만 산책을 해도 하루에 필요한 비타민D가 채워진다.

④ 여름에는 오전 11시에서 오후 5시 사이에 햇빛을 받아야 한다. ➡ 여름에는 오전 11시 이전과 오후 5시 이후에 각각 20분 정도 햇빛을 받으면 하루에 필요한 비타민D가 채워진다.

① Vitamin D deficiency requires quick treatment. ➡ This cannot be determined from the text.

维生素D缺乏需要快速治疗。➡ 文章中无法得知。

② It is recommended to avoid strong sunlight when walking in winter. ➡ In winter, a 30-minute walk around noon, when sunlight is strongest, is enough to meet the daily vitamin D requirement.

冬天应避免强烈阳光散步。➡ 冬天在阳光最强的中午12点开始散步30分钟即可获得一天所需维生素D。

④ In summer, you should get sunlight between 11 a.m. and 5 p.m. ➡ In fact, getting about 20 minutes of sunlight before 11 a.m. and after 5 p.m. is enough to meet the daily vitamin D requirement.

夏天应在上午11点到下午5点晒太阳。➡ 夏天在上午11点前和下午5点后分别晒20分钟即可满足每日所需维生素D。

37 정답 ③

변화는 우리가 살면서 피할 수 없기 때문에 새로운 변화를 긍정적으로 받아들이려는 태도가 필요하다.

Change is unavoidable in life, so it is necessary to have an attitude of accepting new changes positively.

因为变化是生活中不可避免的，因此需要积极接受新的变化的态度。

38 정답 ①

한국 사람은 '나'보다 내가 속한 공동체를 중요하게 생각해서 '우리'라는 표현을 사용한다.

Koreans value the community they belong to more than "I," so they often use the expression "we."

韩国人比起 "我"，更重视自己所属的共同体，所以使用 "我们" 这个表达。

39 정답 ③

성격과 직업: 직업 흥미 유형 검사는 개인의 성격 특성을 분석하여 그에 알맞은 직업을 찾아주는 검사이다. 성격 유형으로는 현실형(R), 탐구형(I), 예술형(A), 사회형(S), 진취형(E), 관습형(C) 총 6가지가 있다.

Personality and career: The vocational interest test analyzes an individual's personality traits to find suitable jobs. There are six personality types: Realistic (R), Investigative (I), Artistic (A), Social (S), Enterprising (E), and Conventional (C).

性格与职业：职业兴趣类型测试分析个人的性格特征，并帮助寻找适合的职业。性格类型包括 现实型(R)、研究型(I)、艺术型(A)、社会型(S)、进取型(E)、常规(习惯)型(C)共6种。

현실형(R): 이 유형은 현실적이고 신중하며, 솔직하지만 고집이 센 편이다. 또한, 분명하고 질서 있는 것을 좋아한다. 현실형 유형은 기술자, 농부, 군인, 경찰, 운동선수 등의 직업이 어울린다.

Realistic(R): This type is practical, cautious, honest but somewhat stubborn. They like clarity and order. Realistic types fit jobs such as technicians, farmers, soldiers, police officers, and athletes.

现实型(R)：此类型现实、谨慎、诚实但固执，喜欢明确和有秩序的事物。适合技术员、农民、军人、警察、运动员等职业。

40 정답 ③

정월 대보름에 먹는 음식은 '부럼'이다. 부럼은 밤, 땅콩, 호두, 잣 등의 딱딱한 열매를 말한다.

The food eaten on 정월 대보름 is called "부럼," which includes hard nuts like chestnuts, peanuts, walnuts, and pine nuts.

正月十五吃的食物是 "坚果类(부럼)"。부럼指栗子、花生、核桃、松子等坚果类。

41 정답 ②

처방전이 있어야 약국에서 약을 받을 수 있다.
You need a prescription to get medicine at a pharmacy.
必须有处方笺才能在药店领取药品。

처방전: 약의 조제 방법을 적은 종이
Prescription: a paper that specifies how medicine should be prepared or dispensed
处方笺：记载药物调配方法的纸张

42 정답 ④

다문화이주민플러스센터는 각 지자체와 법무부, 행정안전부, 고용노동부 등 각 부처에서 따로 제공하던 서비스를 통합하여 제공하는 복합 서비스 기관이다. 법무부의 외국인등록과 체류 기간 연장, 고용노동부의 고용 허가는 물론 결혼이민자를 대상으로 하는 성평등가족부(여성가족부)의 가족 상담, 방문 교육, 통역 서비스 등 국내 체류 외국인에게 필요한 행정 서비스를 모두 제공한다.
The Multicultural Migrant Plus Center is a complex service institution that provides services by integrating those that were separately provided by each local government, the Ministry of Justice, the Ministry of the Interior and Safety, the Ministry of Employment and Labor, and other ministries. It provides all administrative services necessary for foreigners living in Korea, including foreigner registration and extension of stay by the Ministry of Justice, employment permits by the Ministry of Employment and Labor, as well as family counseling, home education, and interpretation services for marriage immigrants by the Ministry of Gender Equality and Family.
多文化移民Plus中心是将各地方政府及法务部、行政安全部、雇佣劳动部等部门原本分别提供的服务整合后提供的综合服务机构。它提供法务部的外国人登记及停留期限延长、雇佣劳动部的就业许可，以及针对结婚移民者的性别平等家庭部(女性家庭部)的家庭咨询、上门教育、翻译服务等，为在韩国居住的外国人提供所需的行政服务。

43 정답 ①

인구 고령화로 노인의 건강과 관련된 문제, 청년 노동 인구 감소, 사회복지 부담 증가 등 사회적인 문제가 발생할 수 있다.
Due to population aging, social problems such as health issues related to the elderly, a decrease in the young labor force, and an increase in social welfare burden may occur.
人口老龄化可能引发老年健康相关问题、青年劳动力减少、社会福利负担增加等社会问题。

44 　정답 ③

단오는 음력 5월 5일로 1년 중에서 만물의 기운이 가장 강한 날이다. 만물에서 나는 것으로 음식을 만들어서 먹고 창포물에 머리를 감는 풍습이 있다. 남자들은 씨름을 하고 여자들은 그네를 탄다.

Dano falls on the 5th day of the 5th lunar month and is the day when the energy of all things is the strongest in the year. There is a custom of making food from all things and washing hair in iris water. Men play 씨름, and women ride swings.

端午节是农历五月初五，为一年中万物之气最旺盛的日子。人们用自然食材制作食物，用菖蒲水洗头。男性进行摔跤比赛，女性荡秋千。

강릉 단오제: 대한민국 대표 전통축제 중 하나로, 2005년에 유네스코 인류무형문화유산으로 지정되었음. 예로부터 마을을 지켜주는 신께 제사를 올리고 굿을 하며, 풍년과 마을의 안전을 기원하였음. 현재에도 매년 풍요를 바라는 제사를 올리며, 창포물에 머리 감기, 수리취떡 먹기 등 다양한 행사를 함

Gangneung Dano Festival: one of Korea's representative traditional festivals, designated as UNESCO Intangible Cultural Heritage in 2005. Traditionally, villagers performed rituals and dances to pray for safety and a good harvest. Today, ceremonies, hair washing in iris water, and eating 수리취떡 are still practiced.

江陵端午节：韩国代表性传统节日之一，2005年被列入联合国教科文组织人类非物质文化遗产。自古以来，人们祭祀守护村庄的神灵，祈求丰收和村庄安全。现在每年依然举行祭祀，并进行菖蒲水洗头、食用韩式艾草年糕(수리취떡)等各种活动。

45 　정답 ②

모르는 질문에 대해 아는 척하기보다 무엇을 평가하기 위한 질문인지 생각해 보고 대답하는 것이 좋다.

It is better to think about what the question is evaluating and answer thoughtfully rather than pretending to know an answer.

与其在不懂的问题上装作知道，不如先思考问题是为了评估什么再作回答。

46 정답 ③

국민 건강 보험은 병원 치료 등 의료 서비스가 필요할 때 높은 병원비로 부담을 안게 되는 것을 막기 위해 운영되는 사회 보장 제도이다. 국민이 일정한 보험료를 내고 가입하게 되는데, 보험료는 개인의 소득이나 재산에 따라 다르다. 외국인도 한국에 6개월 이상 거주하는 경우 가입 자격이 생기고 외국인등록을 한 후 직장이나 지역에서 가입할 수 있다.

National Health Insurance is a social security system that prevents citizens from being burdened with high medical costs when they need hospital treatment or other healthcare services. Citizens pay a certain insurance fee based on income or property. Foreigners who have lived in Korea for more than six months are also eligible and can enroll through work or local registration.

公民健康保险是为防止在需要医院治疗等医疗服务时因高额医疗费而带来负担而运营的社会保障制度。公民需缴纳一定保险费，保险费根据个人收入或财产而定。外国人在韩国居住超过6个月即可获得加入资格，并可在登记后通过工作单位或所在地区加入。

47 정답 ①

온돌: 한국의 전통적인 난방 방식
Ondol: a traditional Korean floor-heating system
暖炕：韩国传统取暖方式
굴뚝: 연기를 배출하는 부분
Chimney/Stack: chimney for releasing smoke
烟囱：排烟的部分

48 정답 ②

한국 사람들은 예로부터 농경 생활을 해 왔기 때문에 뒤에 산이 있고, 앞에 물이 흐르는 배산임수 지형을 좋다고 생각했다. 또한, 대문이나 집의 방향을 남쪽으로 지으면 햇볕이 잘 들어 따뜻했기 때문에 남쪽으로 향한 집을 좋은 집이라고 생각했다.

Koreans traditionally valued houses with a mountain behind and water in front, a topography called 배산임수. Also, houses facing south were considered good because sunlight entered well, keeping them warm.

韩国人自古以来以农业为生，因此认为背山面水的地形好，即房屋背后有山，前面有水流。此外，如果大门或房屋朝南，阳光充足，室内温暖，所以朝南的房子被认为是好房子。

49 따뜻한

온수를 사용하려고 하는데 보일러가 작동하지 않는다고 하였다. 온수는 따뜻한 물을
의미하므로 '따뜻한 물이 안 나와요'가 적절하다.

想使用热水，但锅炉无法运行。온수意为温水，因此 "热水不出来" 最合适。

50 좋아질 뿐만 아니라 / 좋아지는 데다가 / 좋아지고

Ⓥ/Ⓐ/Ⓝ '이다' + -(으)ㄹ 뿐만 아니라: 앞의 내용에 더해 뒤의 말이 나타내는 내용
까지 작용할 때 사용한다.

The grammar is used to indicate that the meaning of what follows applies in addition to the
preceding content.

表示前面的内容之外，后面所表达的内容也起作用。

Ⓥ/Ⓐ + -(으)ㄴ/는 데다가: 앞에 오는 말이 나타내는 행동이나 상태에 다른 행동이
나 상태가 덧붙여져서 정도가 심해질 때 사용한다.

The grammar is used when another action or state is added to the preceding action or
state, intensifying the degree.

表示前面的行为或状态上叠加了其他行为或状态，程度加重。

Ⓥ/Ⓐ + -고: 두 가지 이상의 사실을 나열할 때 사용한다.

The grammar is used to list two or more facts.

用于列举两种或以上事实。

01–02

매년 5월 20일은 '세계인의 날'로 이날은 2007년에 제정된 후, 외국인과 한국인이 다양한 행사와 프로그램을 통해 함께 어울려 서로의 문화를 이해하는 사회를 만들기 위한 날이다. 세계인의 날에는 축하 공연, 전시회, 다양한 체험 공간, 세계 민속 공연, 사진 공모전 등 여러 행사가 개최된다. 또한, 다문화 교육, 언어 교환 프로그램, 다문화 가정 지원 강좌 등의 교육 프로그램도 진행되고, 외국인과 한국인이 함께 참여하는 봉사활동, 스포츠 대회 등의 여러 커뮤니티 활동도 열린다.

01 위의 글을 소리 내어 읽어 보세요.

Read the above text and answer the following questions.

请大声朗读上面的文章。

Tip 발음의 정확성, 띄어 읽기, 유창성, 속도 등에 유의하며 읽습니다.

02 **1) 세계인의 날은 언제예요?**

When is World Multicultural Day?

世界人日是什么时候?

예 매년 5월 20일입니다.

2) 세계인의 날은 어떤 날이에요?

What kind of day is World Multicultural Day?

世界人日是什么样的日子?

예 외국인과 한국인이 다양한 행사와 프로그램을 통해 함께 어울려 서로의 문화를 이해하는 사회를 만들기 위한 날입니다.

3) 세계인의 날에는 어떤 행사를 해요?

What events are held on World Multicultural Day?

世界人日当天会举办哪些活动?

예 세계인의 날에는 축하 공연, 전시회, 체험 행사, 세계 민속 공연, 사진 공모전 등 다양한 행사가 개최됩니다.

03 1) ＿＿＿＿＿＿ 씨가 한국에서 경험한 행사에 대해 말해 보세요.

State an event you have experienced in Korea.

请说说你在韩国经历过的活动。

Tip 한국에서 생활하면서 경험한 행사를 말하면 됩니다.

2) ＿＿＿＿＿＿ 씨는 친구와 같이 가고 싶은 행사가 있는지 말해 보세요.

State whether there is an event you want to attend with a friend.

请说说你有没有想和朋友一起参加的活动。

Tip 친구와 같이 가고 싶은 행사를 말하면 됩니다.

04 1) 한국은 명절에 다양한 전통놀이를 즐깁니다. 한국의 대표 명절인 설날과 추석에 즐기는 전통놀이에 대해 아는 대로 말해 보세요.

Korea enjoys a variety of traditional games during holidays. State the traditional games you know that are enjoyed during major Korean holidays, such as Seollal and Chuseok.

在韩国，每逢节日都会享受各种传统游戏。请说一说你所知道的，在韩国代表性节日——春节和中秋节时人们会玩的传统游戏。

예 윷놀이, 연날리기, 제기차기, 강강술래 등이 있습니다.

2) ＿＿＿＿＿＿ 씨 고향의 명절에는 어떤 전통놀이가 있는지 소개해 주세요.

State what traditional games are played during holidays in your country.

请介绍一下你们国家在节日期间进行的传统游戏。

Tip 고향의 명절에 하는 전통놀이는 무엇인지, 어떻게 하는 놀이인지 말하면 됩니다.

05 1) 한국의 저출산(저출생)과 고령화로 발생되는 문제에 대해 말해 보세요.

State the problems caused by low birth rate and aging population in Korea.

请说明韩国因低出生率和老龄化而产生的问题。

예 한국은 저출산과 고령화로 청년층의 인구가 줄고 노년층의 인구가 늘어나 일을 할 수 있는 인구가 줄어들고, 경제 성장이 느려지는 문제가 발생하고 있습니다.

2) **한국의 저출산(저출생)과 고령화에 대한 해결 방법을 말해 보세요.**

请说明韩国针对低出生率和老龄化的解决方法。

예 비싼 사교육비와 같이 부모들이 자녀 양육에 부담을 갖지 않도록 정부는 공교육 지원, 경제적 지원 확대 등 적절한 정책을 마련해야 합니다. 그리고 연금 제도와 복지 시설을 보완하거나 노인들이 일할 수 있는 환경을 만들어 고령화에 적극 대비해야 합니다.

정답 및 해설

※ 이 책에 사용된 기호: Ⓥ 동사, Verb, 动词   Ⓐ 형용사, Adjective, 形容词   Ⓝ 명사, Noun, 名词

빨리 보는 정답

01	02	03	04	05	06	07	08	09	10
①	③	③	③	④	①	②	②	①	④
11	12	13	14	15	16	17	18	19	20
④	③	②	②	④	②	②	④	④	①
21	22	23	24	25	26	27	28	29	30
④	③	②	④	④	③	②	③	③	④
31	32	33	34	35	36	37	38	39	40
③	④	③	④	④	②	①	③	③	③
41	42	43	44	45	46	47	48		
①	④	④	①	④	③	②	②		
49					50				
서비스 센터 / A/S 센터					아리랑				

01 정답 ①

사진 속의 사람은 옷가게 점원에게 쇼핑백과 카드를 받고 있으므로, 정답은 '옷을 사요.'이다.

The person in the picture is receiving a shopping bag and a card from a clothing store clerk, so the correct answer is "buying clothes."

照片中的人正从服装店店员那里接过购物袋和卡片，所以答案是"买衣服"。

02 정답 ③

Ⓝ + 보다 : 다른 것과 비교할 때 사용한다.

The grammar is used to make a comparison with something else.

用于与其他事物进行比较时。

03 정답 ③

① 크다, big/large, 大 ↔ 작다, small, 小
② 맛있다, delicious, 好吃 ↔ 맛없다, not tasty, 不好吃
③ 가깝다, near/close, 近 ↔ 멀다, far, 远
④ 재미있다, fun/interesting, 有趣 ↔ 재미없다, boring/uninteresting, 无趣

04 정답 ③

③ 주말, weekend, 周末 ↔ 평일, weekday, 平日
평일: 토요일, 일요일, 공휴일이 아닌 보통의 날
Weekday: ordinary days that are not Saturday, Sunday, or public holidays
平日：不是星期六、星期天或法定节假日的一般日子

05 정답 ④

권: 책을 세는 단위
Volume/Book/Copy: a unit for counting books
卷：书的计数单位

06 정답 ①

채용하다: 일할 사람을 뽑다.
Hire/Recruit someone: to employ someone for a job or position
录用，雇用：意思是录用、雇佣工作的人。

07 정답 ②

① 편하다, comfortable, 舒服 ↔ 불편하다, uncomfortable, 不舒服
② 급하다, urgent, 着急 ↔ 느긋하다, relaxed, 从容
③ 다정하다, kind, 多情 ↔ 냉정하다, cold-hearted, 冷情
④ 꼼꼼하다, meticulous, 细致 ↔ 꼼꼼하지 못하다/대충하다/허술하다, careless, 不细致/粗略/马虎

08 정답 ②

① 금지하다, to prohibit, 禁止 ↔ 허용하다, to allow, 允许
② 찬성하다, to agree, 赞成 ↔ 반대하다, to oppose, 反对
③ 걱정하다, to worry, 操心 ↔ 안심하다, to feel relieved, 安心
④ 거절하다, to refuse, 拒绝 ↔ 허락하다/승인하다, to permit, 允许/批准

09 정답 ①

① 막히다: 길, 통로 따위가 통하지 못하게 되다.
② 잠기다: 물, 가스 따위가 흘러나오지 못하도록 차단되다.
③ 나가다: 전기가 끊어지거나 꺼지다.
④ 고치다: 고장이 나거나 못 쓰게 된 물건을 손질하여 되게 하다.

① Blocked: to have a road, path, or passage become obstructed so that nothing can pass through

堵塞：道路或通道被阻断无法通行。
② Shut off: to have liquids, water, gas, or similar substances cut off so that they can't flow out

关闭：为了防止水或气体等流出而关闭。
③ Go out: to have electricity cut off or for lights to be turned off

熄灭：电源断开或灯灭。
④ Fix/Repair: to fix or restore a broken or unusable item so that it functions properly again

修理：将损坏或不能用的物品修复使其恢复正常。

10 정답 ④

빚다: 가루를 반죽하여 만두, 송편, 경단 등을 만들다.
Make: to knead flour and make dumplings, songpyeon, rice cakes, etc.
包、搓、捏：把粉类揉成团，用来制作饺子、松片(米糕的一种)、糯米团等。

11 정답 ④

담다: 어떤 것을 그릇 등에 넣다.
Put: to put something in a container/bowl.
盛、装：把某种物品放进容器等之中。

12 정답 ③

① **사교육**: 학교 교육 외에 학원과 같이 개인이 만든 기관에서 개인이 내는 돈으로 이루어지는 교육

② **교육열**: 교육에 대한 열정

③ **공교육**: 국가의 제도 속에서 이루어지는 교육

④ **주입식**: 주로 기억과 암기를 통해 학습자에게 정보와 지식을 넣어 주는 방법

① Private education: education outside of school, paid for by individuals at academies

私教育：指在学校教育之外，由私人机构（如补习班）开设、由个人付费进行的教育

② Academic enthusiasm: passion for education

教育热：对教育的热情与重视

③ Public education: education provided by the government

公教育：在国家制度下进行的正规教育

④ Rote learning: teaching method mainly using memorization to convey information and knowledge to learners

注入式（填鸭式）教育：以记忆和背诵为主，把信息和知识灌输给学习者的方法

13 정답 ②

'번거롭다'와 비슷한 단어는 '귀찮다'이다.
A word similar to "번거롭다" is "귀찮다."
与 "번거롭다（繁琐的）" 相似的单词是 "귀찮다（麻烦的）"。

번거롭다: 귀찮고 짜증스럽다.
Cumbersome: troublesome and annoying.
繁琐的：麻烦、令人烦躁。

14 정답 ②

'견디다'와 비슷한 단어는 '버티다'이다.
A word similar to "견디다" is "버티다."
与 "견디다（忍耐）" 相似的单词是 "버티다（撑住）"。

견디다: 힘들거나 어려운 것을 참고 버티어 살아 나가다.
Endure: to withstand something difficult or challenging and get through it
忍耐：忍受困难或痛苦，坚持活下去。

15 정답 ④

Ⓥ/Ⓐ + −지요?: 이미 알고 있는 것을 다시 확인할 때 사용한다.

The grammar is used to confirm something that is already known.

用于确认对方已经知道的事情。

예 어제는 날씨가 너무 추웠지요?

16 정답 ②

못 + Ⓥ: 행동을 할 능력이 없거나 가능성이 없을 때 사용한다.

The grammar is used when there is no ability or possibility to perform an action.

用于表示没有能力或没有可能完成某个动作。

예 저는 춤을 못 춰요.

17 정답 ②

Ⓥ + −(으)ㄹ 거예요: 미래의 일이나 계획을 말할 때 사용한다.

The grammar is used to express future plans or intentions.

用于表示未来的事情或计划。

예 일을 다 끝낸 후에 밥을 먹을 거예요.

18 정답 ④

Ⓝ + (으)로 인해: 이유와 원인을 말할 때 사용하며, 주로 격식적인 상황에서 사용한다.

The grammar is used to state reasons or causes, often in formal situations.

用于表示原因或理由，多用于正式场合。

불황: 경제 활동이 일반적으로 안 좋은 상태

Recession: a general downturn in economic activity

不景气、萧条：指经济活动整体不景气的状态

예 태풍으로 인해 고향이 큰 피해를 보았습니다.

19 정답 ④

Ⓥ + -고 싶다: 어떤 행동을 원할 때 사용한다.
The grammar is used to express the desire to perform an action.
用于表示想做某事。

Ⓥ/Ⓐ + -지 않다: 앞에서 나타내는 행동이나 상태를 부정할 때 사용한다.
The grammar is used to negate a preceding action or state.
用于表示否定前面的动作或状态。
예 운동을 하고 싶지 않아요.

20 정답 ①

Ⓝ + 치고: 그 전체가 예외 없음을 나타내거나 그중 예외적일 때 사용한다.
The grammar is used to indicate that the whole is without exception or to point out exceptions.
表示整体无一例外，或在整体中作为例外使用。
예 인스턴트 음식치고 건강에 좋은 음식이 있겠어요?

21 정답 ④

Ⓥ + -자마자: 앞의 동작이 이루어지고 난 후에 바로 잇따라 뒤의 사건이나 동작이 일어날 때 사용한다.
The grammar is used when an event or action immediately follows the completion of a previous action.
表示前一个动作完成后，紧接着发生后面的事件或动作。
예 집에 가자마자 샤워를 했어요.

22 정답 ③

Ⓥ + -고 말다: 의도하지 않은 일이 결국 일어났음을 나타낼 때 사용한다.
The grammar is used to indicate that an unintended event eventually happened.
表示发生了预期以外的结果或无法避免的事情。

잊어버리다: 한번 알았던 것을 모두 기억하지 못하거나 전혀 기억해 내지 못하다.
Forget: to be unable to remember something that was once known, or to fail to recall it at all
忘记：意为原本知道的事完全记不起来。
예 늦잠을 자서 학교에 지각하고 말았어요.

23 정답 ②

Ⓥ + -(으)ㄹ 테니까: 뒷말에 대한 조건임을 강조하여 앞말에 대한 말하는 사람의 의지를 나타낼 때 사용한다.

The grammar is used to express the speaker's intention regarding the preceding statement while emphasizing a condition in the following clause.

用于强调前句是后句的条件，并表达说话者的意志。

② 제가 청소하느라고 아이들을 좀 봐 주세요. ➡ 제가 청소할 테니까 아이들을 좀 봐 주세요.

24 정답 ④

Ⓥ + -(으)ㄴ/는: 사건이나 동작이 과거에 일어났을 때 사용한다.

The grammar is used to talk about the events or actions that occurred in the past.

用于表示过去发生的事件或动作。

④ 지난주에 친구와 같이 가는 데다가 식당이 맛있었어요. ➡ 지난주에 친구와 같이 간 식당이 맛있었어요.

25 정답 ④

Ⓥ + -(으)려던 참이다: 어떤 일을 이제 하려고 하거나 할 계획이 있을 때 사용한다.

The grammar is used to express an intention or plan to do something in the near future.

用于表示正打算做某事或正好计划要做某事的时候。

예 그렇지 않아도 이제 막 가려던 참이었어요.

26 정답 ③

Ⓥ/Ⓐ + -(으)ㄹ수록: 앞 내용의 상황이나 정도가 더 심해질 경우 뒤 내용의 결과나 상황도 그에 따라 더하거나 덜하게 될 때 사용한다.

The grammar is used to indicate that when the situation or degree of the preceding content increases or decreases, the following result or situation changes accordingly.

表示前项情况或程度加重时，后项结果或情况也随之增减。

예 혼자 있을수록 더 외로워요.

27 정답 ②

Ⓥ/Ⓐ + -(으)면 되다: 조건이 되는 어떤 행동을 하거나 어떤 상태만 갖추어지면 문제가 없을 때 사용한다.

The grammar is used when performing a certain action or having a certain condition is enough to avoid problems.

表示只要具备某种条件或状态就没有问题。

② 기능이 다양하고 속도가 빨르면 돼요. ➡ 기능이 다양하고 속도가 빠르면 돼요.

28 정답 ③

Ⓥ/Ⓐ + -아/어서: 이유나 근거를 나타낼 때 사용한다.

The grammar is used to indicate reasons or grounds.

用于表示原因或依据。

③ 아침에 늦게 일어나면서 밥을 못 먹었다. ➡ 아침에 늦게 일어나서 밥을 못 먹었다.

29 정답 ③

감기에 걸려서 목이 많이 아파 생강차를 마셨지만 낫지를 않아서 병원인 이비인후과에 갔다.

I caught a cold, so my throat hurt a lot. I drank ginger tea, but since it didn't get better, I went to the ENT department at the hospital.

因为感冒喉咙很痛，虽然喝了生姜茶但还是没好，于是去了耳鼻喉科医院。

30 정답 ④

한 자동차 회사는 분리수거함에 점수판을 설치해 쓰레기를 버릴 때마다 분리수거 점수가 나타나도록 하여 적극적인 분리수거에 동참하고 있다.

One car company installed a score board on recycling bins, so that each time trash is thrown away, the recycling score appears, encouraging active participation in recycling.

某汽车公司在分类垃圾桶上安装了计分板，使人在扔垃圾时可以看到分类得分，从而积极参与垃圾分类活动。

31 정답 ③

스마트폰으로 은행 업무를 볼 수 있는 것은 인터넷 뱅킹이다.
Using a smartphone to perform bank transactions is called internet banking.
可以通过智能手机办理银行业务的，是网上银行。

인터넷 뱅킹: 인터넷을 통해 입출금 등 은행 관련 업무를 보는 일
Internet banking: handling banking tasks such as deposits and withdrawals via the internet
网上银行：通过互联网进行存取款等银行相关业务的服务

32 정답 ④

사고방식: 생각하고 궁리하는 방법이나 태도
Way of thinking: the method or attitude of thinking and reasoning.
思维方式：思考和推理的方法或态度

행동양식: 인간의 생활에 일정하게 규정되어 있는 형식
Behavioral pattern: a regular form of behavior in human life
行为方式：在人类生活中形成的固定行为形式

33 정답 ③

제품의 유통 기한이 지나도 일정 기간 이후까지 음식을 먹을 수 있는 것을 '소비 기한'
이라고 한다.
Even after the expiration date, food that can be eaten for a certain period is called the
"consumption period."
即使超过产品的流通期限，在一定期间内仍可以食用的期限称为"消费期限"。

34 정답 ④

① 소비자는 유통 기한을 반드시 지켜야 한다. ➡ 글에서 알 수 없는 내용이다.
② 유통 기한이 지난 음식은 아까워도 버려야 한다. ➡ 최근 유통 기한이 지나도 일정
   기간 동안 음식을 먹을 수 있는 소비 기한을 표시하면서, 음식을 아깝게 버리는 일
   을 줄일 수 있게 되었다.
③ 판매자는 유통 기한이 지나도 제품을 팔 수 있다. ➡ 판매자는 유통 기한이 지나면
   제품을 소비자에게 팔 수 없다.

① Consumers must follow the distribution period. ➡ This cannot be known from the text.

消费者必须遵守流通期限。➡ 文中没有提及此内容。

② Even if food past its distribution period feels wasteful, it should be thrown away. ➡ Recently, by indicating the consumption period, which allows food to be eaten for a certain time after the distribution period, the waste of food can be reduced.

即使可惜，也要丢掉过了流通期限的食品。➡ 最近开始标示消费期限，表示过了流通期限后的一定时间内仍可食用，从而减少了浪费食物的情况。

③ Sellers can sell products after the distribution period. ➡ Sellers cannot sell products to consumers once the distribution period has passed.

销售者可以在流通期限过后也继续销售产品。➡ 销售者在流通期限过后不能将产品卖给消费者。

35 　정답 ④

① 1인 가구를 위한 서비스를 실시하고 있다. ➡ 1인 가구가 증가하면서 변화에 맞춰 지원 정책도 함께 확대되어야 한다.

② 1인 가구의 증가로 취업이 늦어지고 있다. ➡ 취업과 결혼이 늦어지면서 혼자 사는 사람이 많아졌다.

③ 1인 가구의 증가 원인은 저출산과 고령화이다. ➡ 1인 가구의 증가 원인은 늦어진 취업과 결혼, 노인 인구의 증가이다.

① Services are provided for single-person households. ➡ As single-person households increase, support policies should be expanded accordingly.

正在实施针对单人家庭的服务。➡ 文中提到应随着单人家庭的增加而扩大相关支持政策。

② The increase in single-person households is delaying employment. ➡ With delayed employment and marriage, the number of people living alone has increased.

由于单人家庭的增加，就业变得延迟。➡ 因为就业和结婚延迟，导致独自生活的人增多。

③ The reason for the increase in single-person households is low birth rate and aging. ➡ The reason for the increase in single-person households is delayed employment and marriage, and an increase in the elderly population.

单人家庭增加的原因是低出生率和老龄化。➡ 单人家庭增加的原因是就业和结婚推迟以及老年人口的增加。

36 정답 ②

① 성년의 날은 매달 셋째 주 월요일이다. ➡ 성년의 날은 매년 5월 셋째 주 월요일이다.

③ 성년의 날에 선물을 주고받는 게 권리이자 의무이다. ➡ 성인이 된 만큼 성인으로서의 권리와 의무, 책임도 더욱 갖춰야 할 것이다.

④ 만 19세가 되면 의무적으로 성년의 날에 참석해야 한다. ➡ 글에서 알 수 없는 내용이다.

① Coming-of-age Day is on the third Monday of every month. ➡ Coming-of-age Day is celebrated on the third Monday of May every year.

成年日是每个月的第三个星期一。➡ 成年日是每年的第三个星期一。

③ Exchanging gifts on Coming-of-age Day is both a right and a duty. ➡ As one becomes an adult, one should also take on the rights, duties, and responsibilities of an adult.

在成年日互赠礼物是权利也是义务。➡ 成年后要具备成人的权利、义务与责任。

④ People must attend Coming-of-age Day at age 19. ➡ This cannot be known from the text.

满19岁的话，应该以义务的方式参加成年日。➡ 文中未提及此内容。

성년의 날: 성인이 되는 것을 기념하여 축하하는 날

Coming-of-age Day: a day to celebrate coming of age

成人节：纪念并庆祝成年（成为成年人）的日子

37 정답 ①

인터넷이 발달하면서 공연 정보를 찾아볼 수 있는 방법이 다양해졌다.

With the development of the internet, there are now many ways to find information about performances.

随着互联网的发展，获取演出信息的方式变得更加多样化。

38 정답 ③

현대인들이 많이 걸리는 고혈압과 당뇨병은 잘못된 생활 습관으로 걸릴 가능성이 높다. 따라서 질병에 걸리지 않으려면 바른 생활 습관을 길러야 한다.

Hypertension and diabetes, which are common among modern people, are likely caused by unhealthy lifestyle habits. Therefore, to prevent these diseases, one should maintain proper lifestyle habits.

现代人常患的高血压和糖尿病，大多与不良生活习惯有关。因此，为了预防疾病，必须养成正确的生活习惯。

39   정답 ③

일주일 중에서 월요일부터 금요일까지 5일만 일하는 것은 '주5일제'이다.
Working only from Monday to Friday each week is called a "five-day workweek."
一周中从星期一到星期五工作五天的制度称为"五天工作制"。

40   정답 ③

애국가는 한국을 대표하는 '노래(국가)'이다. 나라를 사랑하는 마음을 담은 노래라는 뜻을 지니고 있다.
애국가 is Korea's representative "song (national anthem)." It has the meaning of a song that contains love for the country.
爱国歌是代表韩国的"国歌"。它是一首饱含热爱祖国之情的歌曲。

41   정답 ①

경범죄: 일상생활에서 흔하게 일어나고 처벌이 가벼운 위법 행위로 쓰레기 투기, 음주 소란, 인근 소란, 무단 침입 등이 있음
Petty crime: illegal acts that commonly occur in daily life and are lightly punished. Examples include littering, public drunkenness, disturbances nearby, and trespassing
轻犯罪：在日常生活中常发生、惩罚较轻的违法行为，例如乱扔垃圾、酒后喧闹、邻里骚扰、擅自闯入等

42   정답 ④

공공부조는 생활이 어려운 사람들의 생활수준을 보장해 주고 생활비와 의료비를 지원해 주는 제도이다.
Public assistance is a system that guarantees the living standards of people in difficulty and provides support for living expenses and medical care costs.
公共救助制度是保障生活困难者生活水平，并提供生活费和医疗费支持的制度。

43   정답 ④

법을 통해 분쟁을 해결하고 권리를 보호하는 대표적인 방법을 '소송'이라고 한다.
A representative way to resolve disputes and protect rights through the law is called a "lawsuit."
通过法律解决纠纷并保护权利的代表性方法称为"诉讼"。

44 정답 ①

① **계약**: 사람이나 조직 사이에서 서로 지켜야 할 의무에 대해 글이나 말로 정하여 두는 약속
② **협력**: 힘을 합쳐 서로 도움
③ **서명**: 어떤 내용을 받아들이는 뜻으로 자기의 이름을 씀
④ **책임**: 맡은 임무나 의무

① Contract: a promise, written or spoken, about duties that must be followed between people or organizations
  合同：人或组织之间以书面或口头形式约定必须遵守的义务
② Cooperation: joining forces to help each other
  合作：共同努力、互相帮助
③ Signature: writing one's name to indicate acceptance of something
  签名：表示接受某项内容而写下自己的名字
④ Responsibility: a duty or task assigned to someone
  责任：承担的任务或义务

45 정답 ④

'국가인권위원회'는 인권 침해에 대한 상담, 조사, 구제의 역할을 하는 곳이다.
The "National Human Rights Commission of Korea" is an institution that provides consultation, investigation, and relief regarding human rights violations.
"国家人权委员会" 负责处理关于人权侵害的咨询、调查与救济。

46 정답 ③

정부에서는 임산부의 건강관리와 출산에 필요한 비용의 일부를 '국민행복카드'로 지원한다. 또한 어린이집이나 유치원을 다니는 영유아(만 5세 이하) 자녀의 보육료나 유아 학비도 '국민행복카드'로 지원한다.
The government supports part of the costs necessary for health management and childbirth for pregnant women through the "국민행복카드." It also provides support for child care or preschool tuition for young children (under five years old) attending daycare or kindergarten through the "국민행복카드."
政府通过 "国民幸福卡" 支持孕妇的健康管理和生产相关部分费用。同时，对于就读幼儿园或托儿所的5岁以下儿童，也可以通过 "国民幸福卡" 支付托育费或学费。

47

반려견을 키우는 인구는 증가하고 있지만 반려견 안전관리에 대한 신경을 쓰지 않아 반려견에게 물리는 사고가 종종 발생하고 있으므로, 목줄 착용, 입마개 착용 등 반려견에 대한 철저한 안전관리가 필요하다.

The number of people raising pet dogs is increasing, but accidents of being bitten by dogs often occur because owners do not pay attention to dog safety. Therefore, thorough safety management for dogs, such as wearing leashes and muzzles, is necessary.

虽然养宠物狗的人口在增加，但由于对宠物狗的安全管理不够用心，咬人事件时有发生，因此需要对宠物狗进行严格的安全管理，如佩戴牵引绳、口套等。

반려견: 가족처럼 키우는 개

Pet dog: a dog raised like a family member

宠物狗：像家人一样饲养的狗

48

피싱이 의심될 때는 경찰청이나 금융감독원에 신고해서 더 큰 피해가 발생하지 않도록 막아야 한다. 따라서 사이버 피해를 줄이기 위해 스마트폰 사용을 금지하는 것은 적절한 해결 방법이 아니다.

When phishing is suspected, it should be reported to the police or the Financial Supervisory Service to prevent greater damage. Therefore, prohibiting smartphone use is not an appropriate solution to reduce cyber damage.

当怀疑网络诈骗时，应向警察或金融监督机构举报，以防止更大的损失。因此，为减少网络受害而禁止使用智能手机，并不是适当的解决方法。

49 서비스 센터 / A/S 센터

전자 제품 문제가 생겼을 때 수리, 환불, 교환을 해주는 곳은 '서비스 센터'이다.

"A service center" is a place that repairs, refunds, or exchanges electronic products when a problem occurs.

当电子产品出现问题时，用于维修、退换货的地方称为"服务中心"。

50 아리랑

한국의 민요 중 가장 유명하며 한국인의 정서와 한을 대변하는 노래는 '아리랑'이다.

"Arirang" is the most famous Korean folk song, representing the emotions and lament of the Korean people.

在韩国民谣中最有名，代表韩国人的情感和愁绪的歌曲是"阿里郎"。

01-02

　　한국에서는 배달 앱(App)을 이용해 음식을 주문하는 사람이 많습니다. 배달 앱은 한눈에 여러 식당의 메뉴를 비교할 수 있고, 실시간 배달 확인 및 할인 혜택까지 받을 수 있습니다. 사용 방법은 먼저 앱에서 원하는 음식 종류를 선택한 후, '주문하기'를 누릅니다. 다음으로 주소와 연락처를 입력하고 결제를 진행하면 됩니다. 결제는 앱에서 카드로 할 수도 있고, 배달원에게 현금으로 지불할 수도 있습니다. 이렇게 편리한 배달 앱은 현대인의 생활 속에 깊이 자리 잡았으며, 시장 규모도 점차 커지고 있습니다.

01　위의 글을 소리 내어 읽어 보세요.

Read the above text and answer the following questions.

请大声朗读上面的文章。

Tip 발음의 정확성, 띄어 읽기, 유창성, 속도 등에 유의하며 읽습니다.

02　1) 한국 사람들은 어떻게 음식을 주문해요?

How do Koreans order food?

韩国人如何点餐?

예 배달 앱(APP)을 이용해 음식을 주문합니다.

2) 배달 앱으로 주문할 때 결제는 어떻게 해요?

How do they make payment?

如何支付?

예 결제는 배달 앱에서 카드로 할 수도 있고, 배달원에게 현금으로 지불할 수도 있습니다.

03 1) _______ 씨가 한국에서 배달 앱으로 음식을 주문한 경험을 말해 보세요.

State your experience ordering food with a delivery app in Korea.

请讲述你在韩国用外卖应用程序点餐的经历。

Tip 한국에서 생활하면서 배달 앱으로 음식을 주문한 경험을 말하면 됩니다.

2) _______ 씨 고향에서는 어떤 방법으로 음식을 주문하는지 말해 보세요.

State how food is ordered in your hometown.

请说明你家乡如何点餐。

Tip 본인의 고향에서 음식을 주문하는 방법을 설명하면 됩니다.

04 1) 현대인의 지나친 인터넷 사용과 스마트폰의 의존으로 나타나는 문제점을 말해 보세요.

State the problems caused by excessive internet use and smartphone dependency among modern people.

请谈谈现代人过度使用互联网和智能手机依赖带来的问题。

예 현대인의 과도한 인터넷 사용과 스마트폰 의존으로 수면 부족, 시력 저하, 대인 관계 악화, 개인 정보 유출 등의 문제가 일어날 수 있습니다.

2) 인터넷과 스마트폰의 바람직한 사용 방법에 대해 말해 보세요.

State the proper ways to use the internet and smartphones.

请谈谈互联网和智能手机的合理使用方法。

예 인터넷과 스마트폰 사용 시간을 정해서 인터넷과 스마트폰 사용을 줄이는 것이 중요합니다. 또한, 인터넷과 스마트폰을 교육과 건강관리 등 생산적이고 유용한 목적으로 활용할 수 있도록 해야 합니다. 마지막으로 개인 정보 보호를 위해 의심스러운 문자 메시지는 누르지 말고, 비밀번호 설정을 철저히 해야 합니다.

05　1) 한국에는 어떤 선거가 있어요? 선거를 할 때 중요한 점은 무엇인지 말해 보세요.

State what elections exist in Korea and what is important when voting.

韩国有哪些选举? 请说说在选举时需要注意的重要事项。

예 한국에서는 대선, 총선, 지방선거가 있습니다. 선거를 할 때 중요한 점은 유권자의 신중한 판단과 투표 참여입니다. 후보자의 정책과 자질을 꼼꼼히 검토하여 공정하고 투명한 선거가 될 수 있도록 해야 합니다. 또한, 투표권을 행사하여 민주주의 발전에 기여하는 책임 의식을 지니고 있는 것이 중요합니다.

2) 정치와 관련하여 고향에서는 어떤 방법으로 국민의 의사를 표현할 수 있는지 말해 보세요.

State how people in your hometown can express their political opinions.

请说说在你的家乡, 与政治相关的民意表达方式有哪些。

예 고향에서 선거 참여, 정치 참여, 집회 및 시위 등으로 국민의 의사를 표현할 수 있다는 점을 말하면 됩니다.

부록

구술시험 준비하기

제1장 구술시험 가이드

제2장 구술시험 예상 문제

1. 구술시험이란?

1) 구술시험에서는 읽기 · 말하기 능력과 상황 · 주제와 맞게 대화하는 능력을 평가합니다.

2) 중간평가와 종합평가 구술시험 문제는 배운 내용에서 출제됩니다. 단, 사전평가는 배운 내용이 아닌 응시자가 기존에 알고 있는 지식을 평가합니다.

3) 진행 순서

※ 시험장마다 입실 인원, 감독 인원 등 세부 내용은 다를 수 있습니다.
① 구술시험은 필기시험과 같은 날, 필기시험이 끝난 후에 실시됩니다.
② 구술시험은 한 사람당 약 10분간 진행됩니다.
③ 시험은 5문항이 출제되며, 보통 2명의 구술시험 감독관이 동시에 평가합니다.
④ 보통 사전평가는 5명씩, 중간평가와 종합평가는 2명씩 입실합니다.

2. 구술시험장 미리 보기

1) 대기실에서 준비하기

① 구술시험 채점표를 2장 받습니다.
② 2장의 구술시험 채점표에 성명, 외국인등록번호, 시험일, 지역을 정확히 적습니다.

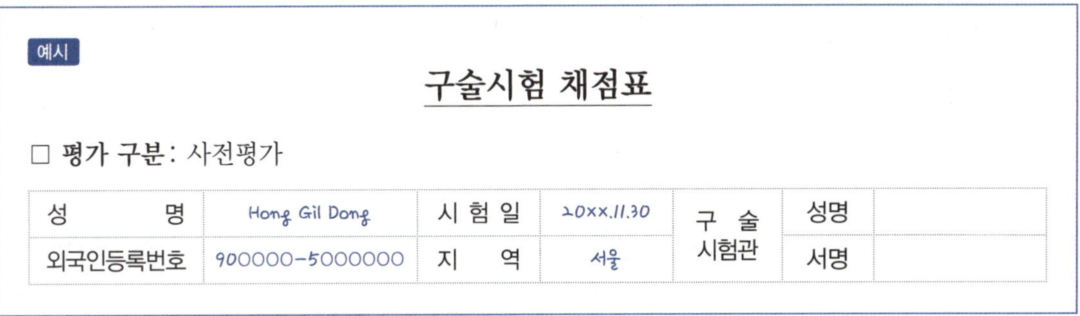

③ 작성한 구술시험 채점표와 외국인등록증을 들고 대기합니다.
④ 감독관이 이름을 부르면 구술시험 채점표와 외국인등록증을 들고 부르는 곳으로 갑니다.

2) 구술시험 보기

① 시험장에 입실합니다.

② 예의 바르게 인사를 하고 감독관에게 외국인등록증과 구술시험 채점표를 제출합니다.

③ 지정된 자리에 앉아서 책상 위에 놓인 구술시험 문제지를 읽습니다.

④ 문제지를 읽고 감독관의 질문에 대답합니다.

⑤ 답변을 할 때는 최대한 바른 자세로 대답합니다.

⑥ 감독관의 질문이 이해가 되지 않을 때는 "다시 한번 질문해 주시면 감사하겠습니다." 또는 "조금 더 자세히 설명해 주실 수 있으신가요?"라고 정중하게 요청합니다.

> **Tip**
> - 정답만 간단히 정리하여 대답해야 높은 점수를 받을 수 있습니다.
> - 질문과 관계없는 대답을 하면 좋은 점수를 받을 수 없습니다.
> - 감독관이 질문할 때는 감독관의 눈을 쳐다보며 질문을 듣습니다.
> - 답을 말할 때는 감독관이 잘 들을 수 있도록 큰 목소리로 자신 있게, 또박또박 대답해야 합니다.
> - 질문에 답할 때는 "○○입니다.", "○○라고 생각합니다."와 같이 정확한 문법과 존댓말을 사용해 어순에 맞는 문장 형태로 대답해야 합니다.

⑦ 시험이 끝난 후 감독관에게 인사를 합니다.

⑧ 감독관에게 제출한 외국인등록증을 반드시 돌려받은 후 시험장을 나가야 합니다.

⑨ 시험장에서 나온 후, 짐을 챙겨 집으로 돌아갑니다.

3. 평가 단계별 구술시험 미리 보기

1) 사전평가

① 주어진 글을 소리 내어 읽기
  - 천천히 또박또박 글을 읽어야 합니다.
  - 글을 읽을 때 발음, 휴지, 억양이 얼마나 정확한지 확인합니다.

② 말하기
  - 읽은 글의 내용을 잘 이해하고 있는지 평가합니다.
  - 지문의 내용을 있는 그대로 말하기보다는 자신이 이해하고 있는 내용을 문법에 맞춰 차분하게 또박또박 말하는 것이 중요합니다. 이때 발음, 휴지, 억양도 중요한 평가 요소가 됩니다.

③ 대화하기 1
  - 읽은 내용과 같거나 비슷한 경험을 살려 대화할 수 있어야 합니다.
  - 읽은 내용과 같거나 비슷한 주제와 관련하여 본인의 나라와 관련된 질문을 받게 됩니다. 읽은 내용과 관련지어 질문에 대답할 수 있어야 합니다.

④ · ⑤ 대화하기 2

　– 문화와 역사, 정치, 경제와 관련된 내용으로 대화할 수 있어야 합니다.

　– 본인 나라의 문화, 역사, 정치, 경제를 주제로 대화가 가능해야 합니다.

2) 중간평가

① 주어진 그림이나 글을 보고 관련된 질문에 답하기

　– 주어진 그림이나 글을 보고 질문에 답할 수 있어야 합니다.

② 말하기

　– 내용을 잘 이해하고 있는지 평가합니다.

　– 지문의 내용을 있는 그대로 말하기보다는 자신이 이해하고 있는 내용을 문법에 맞춰 차분하게 또박또박 말하는 것이 중요합니다. 이때 발음, 휴지, 억양도 중요한 평가 요소가 됩니다.

③ 대화하기 1

　– 읽은 내용과 같거나 비슷한 경험을 살려 대화할 수 있어야 합니다.

　– 읽은 내용과 같거나 비슷한 주제와 관련하여 본인의 나라와 관련된 질문을 받게 됩니다. 읽은 내용과 관련지어 질문에 대답할 수 있어야 합니다.

④ · ⑤ 대화하기 2

　– 문화와 역사, 정치, 경제와 관련된 내용으로 대화할 수 있어야 합니다.

　– 본인 나라의 문화, 역사, 정치, 경제를 주제로 대화가 가능해야 합니다.

3) 종합평가

〈영주용 종합평가〉

① 주어진 글을 읽고 관련된 질문에 답하기

　– 지문을 소리 내지 않고 읽은 후, 질문에 답할 수 있어야 합니다.

② 말하기

　– 내용을 잘 이해하고 있는지 평가합니다.

　– 지문의 내용을 있는 그대로 말하기보다는 자신이 이해하고 있는 내용을 문법에 맞춰 차분하게 또박또박 말하는 것이 중요합니다. 이때 발음, 휴지, 억양도 중요한 평가 요소가 됩니다.

③ 대화하기 1

　– 읽은 내용과 같거나 비슷한 경험을 살려 대화할 수 있어야 합니다.

　– 읽은 내용과 같거나 비슷한 주제와 관련하여 본인의 나라와 관련된 질문을 받게 됩니다. 읽은 내용과 관련지어 질문에 대답할 수 있어야 합니다.

④ · ⑤ 대화하기 2

　– 문화와 역사, 정치, 경제와 관련된 내용으로 대화할 수 있어야 합니다.

　– 본인 나라의 문화, 역사, 정치, 경제를 주제로 대화가 가능해야 합니다.

〈귀화용 종합평가〉

① 주어진 글을 읽고 관련된 질문에 답하기

- 지문을 소리 내지 않고 읽은 후, 질문에 답할 수 있어야 합니다.

② 말하기

- 내용을 잘 이해하고 있는지 평가합니다.
- 지문의 내용을 있는 그대로 말하기보다는 자신이 이해하고 있는 내용을 문법에 맞춰 차분하게 또박또박 말하는 것이 중요합니다. 이때 발음, 휴지, 억양도 중요한 평가 요소가 됩니다.

③ 대화하기 1

- 읽은 내용과 같거나 비슷한 경험을 살려 대화할 수 있어야 합니다.
- 읽은 내용과 같거나 비슷한 주제와 관련하여 본인의 나라와 관련된 질문을 받게 됩니다. 읽은 내용과 관련지어 질문에 대답할 수 있어야 합니다.

④ 대화하기 2

- 문화와 역사, 정치, 경제와 관련된 내용으로 대화할 수 있어야 합니다.
- 본인 나라의 문화, 역사, 정치, 경제를 주제로 대화가 가능해야 합니다.

⑤ 애국가 부르기, 질문에 대답하기

- 귀화용 종합평가의 5번 질문은 두 문제입니다. 수험생이 애국가를 부른 후, 감독관이 질문을 합니다.
- 애국가를 감독관 앞에서 부를 수 있어야 합니다. 애국가는 음절에 맞게 불러야 하지만 노래를 못할 경우 가사를 틀리지 않게 정확히 외워서 대답해도 됩니다.
- 애국가를 부르고 나면 감독관이 질문을 합니다. 이때 질문은 정치, 역사, 경제, 사회 분야와 관련된 질문으로, 질문에 맞는 대답을 해야 합니다.

주제	예상 문제
한국의 상징	• 대한민국을 상징하는 것에 어떤 것이 있는지 말해 보십시오. ➡ 태극기, 무궁화, 한글이 있습니다. • 한글 모음은 몇 개이고, 모음의 창제 원리는 무엇인지 말해 보십시오. ➡ 모음은 10개입니다. 모음은 하늘(·), 땅(—), 사람(l)의 모양을 본떠 만들었습니다. • 한글 자음은 몇 개이고, 자음의 창제 원리는 무엇인지 말해 보십시오. ➡ 자음은 14개입니다. 자음은 사람의 발음기관의 모양을 본떠 만들었습니다. **예상 문제 더 보기** • 한글과 고향에서 쓰는 문자의 비슷한 점과 다른 점을 말해 보십시오.
장소	• 수도권 명소 중 가 본 곳이 있습니까? 그 명소는 어떤 곳인지 말해 보십시오. ➡ 국립중앙박물관에 가 본 적이 있습니다. 한국 역사 속 유물들을 실제로 볼 수 있는 곳입니다. • 한국에서 가 본 적이 있었던 축제나 알고 있는 유명한 축제가 있다면 소개해 보십시오. ➡ 작년 봄 고양시에서 열린 국제꽃박람회에 가 본 적이 있습니다. 국제꽃박람회에서는 직접 참여할 수 있는 여러 가지 프로그램이 있으며, 세계 작가의 작품도 볼 수 있는 국내 최대 규모의 꽃 축제입니다.
가족	• 저출산(저출생)의 원인은 무엇이라고 생각하는지 말해 보십시오. ➡ 일과 자녀 양육을 동시에 해내기 어렵고, 경제적으로 부담이 크기 때문이라고 생각합니다. • 저출산(저출생)으로 나타나는 문제는 무엇인지 말해 보십시오. ➡ 저출산이 지속되면 경제 활동 인구가 감소하여 노동력이 부족해집니다. 이와 반대로 복지 서비스를 받는 노년층은 계속 증가하여 국가의 경제에 큰 문제가 발생할 수 있습니다. **예상 문제 더 보기** • 한국 가족의 특징과 고향 가족의 특징을 말해 보십시오. • 한국의 저출산(저출생)과 고령화로 나타난 문제를 말해 보십시오. • 한국의 저출산(저출생)과 고령화를 해결할 수 있는 방법은 무엇이 있는지 말해 보십시오.

교통	• 한국에서 자주 이용하는 대중교통은 무엇인지 말해 보십시오.
	➡ 지하철을 자주 이용합니다. 지하철은 다른 대중교통보다 이동 시간이 정확하고 빠르기 때문입니다.
	• 대중교통의 불편한 점과 편리한 점을 말해 보십시오.
	➡ 출퇴근 시간에는 사람이 너무 많아서 불편합니다. 그러나 가격이 저렴하고 이동 시간이 빨라서 편리합니다.
	• 한국의 대중교통과 고향의 대중교통의 다른 점을 말해 보십시오.
계절과 날씨	• 한국 계절의 특징을 말해 보십시오.
	➡ 한국은 봄, 여름, 가을, 겨울 사계절이 있습니다. 봄은 따뜻하고, 여름은 덥고 비가 많이 옵니다. 그리고 가을은 맑고 시원하며, 겨울은 춥고 눈이 옵니다.
	• 한국의 사계절 중 어떤 계절을 가장 좋아합니까? 그 이유는 무엇입니까?
	➡ 사계절 중 겨울을 좋아합니다. 우리 고향은 눈이 안 오는데 한국의 겨울은 눈이 내려서 아름답습니다.
	• 한국의 계절과 고향의 계절을 비교해 보십시오.
음식	• 외식할 때 어떤 음식을 주로 먹습니까? 그 이유는 무엇입니까?
	➡ 외식을 하면 갈비탕을 먹으러 갑니다. 고향의 음식과 비슷해서 자주 먹습니다.
	• 식당을 고를 때 무엇을 중요하게 생각하는지 말해 보십시오.
	➡ 식당 직원들이 친절하게 손님을 대하는 것이 중요하다고 생각합니다. 그래서 서비스가 좋은 식당을 찾아 갑니다.
	• 본인이 알고 있는 한국의 유명한 식당을 소개해 보십시오.

초대와 방문	• 집들이란 무엇인지 말해 보십시오. ➡ 집들이란 새로운 곳으로 이사를 하면 가족이나 친척, 친구들을 집으로 초대하는 것입니다. • 한국에서는 집들이에 초대를 받으면 무엇을 선물합니까? 그 선물의 의미는 무엇입니까? ➡ 한국에서는 집들이에 초대를 받으면 휴지나 세제를 선물합니다. 휴지는 모든 일이 잘 풀리기를 바라는 마음으로 주는 선물이고, 세제는 빨래할 때 나오는 거품처럼 돈을 많이 벌어서 부자가 되라는 의미가 있습니다. • 고향에서는 집들이를 갈 때 어떤 선물을 하는지 말해 보십시오. • 축의금은 어떤 의미가 있는지 말해 보십시오. • 한국의 축의금 문화에 대해 어떻게 생각하는지 말해 보십시오. • 한국의 결혼식(또는 장례식, 동창회, 동호회, 회식)에 간 적이 있습니까? 결혼식(또는 장례식, 동창회, 동호회, 회식)에서 무엇을 합니까? • 한국의 결혼식(또는 장례식, 동창회, 동호회, 회식)과 고향의 결혼식(또는 장례식, 동창회, 동호회, 회식)의 다른 점을 말해 보십시오. • 한국은 연고를 중요하게 생각합니다. 연고에는 어떤 것이 있는지 말해 보십시오. • 향우회란 무엇인지 말해 보십시오.
국경일과 특별한 날	• 한국의 국경일과 그 의미를 말해 보십시오. ➡ 한국의 국경일은 3월 1일 3·1절, 7월 17일 제헌절, 8월 15일 광복절, 10월 3일 개천절, 10월 9일 한글날이 있습니다. 3·1절은 1919년에 독립운동을 한 날입니다. 제헌절은 1948년에 헌법을 공포한 날입니다. 광복절은 1945년에 일본으로부터 나라를 되찾은 날입니다. 개천절은 한국의 최초 국가인 고조선이 세워진 날을 기념하는 날입니다. 한글날은 세종대왕이 한글을 만든 날을 기념하는 날입니다. • 고향의 기념일을 소개해 보십시오. • 고향의 국경일을 소개해 보십시오. • 한국의 기념일과 그 의미를 말해 보십시오.

명절	• 한국의 5대 명절을 말해 보십시오. ➡ 설과 정월 대보름, 한식, 단오, 추석, 동지입니다. • 5대 명절에는 각각 어떤 음식을 먹습니까? 그 음식에 담긴 의미는 무엇입니까? ➡ 설에는 떡국을 먹습니다. 떡국은 건강하게 오래 살기를 기원하는 의미로 먹습니다. 정월 대보름에는 오곡밥을 먹습니다. 오곡밥은 한 해의 건강을 기원하는 의미로 먹습니다. 한식에는 불을 피우지 않기 때문에 차가운 음식을 먹습니다. 단오에는 쑥떡이나 수리취떡을 먹습니다. 나쁜 기운을 막아준다는 의미로 먹습니다. 추석에는 송편을 먹습니다. 한 해 농사가 잘 되게 해주신 조상님께 감사하는 마음으로 먹습니다. 동지에는 팥죽을 먹습니다. 팥죽은 나쁜 기운을 쫓아낸다는 의미로 먹습니다. **예상 문제 더 보기** • 한국의 명절과 고향의 명절을 비교해 보십시오. • 고향의 명절과 명절에 먹는 음식을 소개해 보십시오.
인터넷과 스마트폰	• 인터넷으로 정보를 검색할 때의 장점을 말해 보십시오. ➡ 원하는 정보를 쉽고 빠르게 찾을 수 있습니다. • 정보를 검색할 때 어떤 점을 주의해야 하는지 말해 보십시오. ➡ 개인정보가 유출되지 않도록 조심해야 합니다. **예상 문제 더 보기** • 인터넷의 장점은 무엇인지 말해 보십시오. • 인터넷 뱅킹의 장점과 단점을 말해 보십시오. • 인터넷으로 정보 검색 외에 무엇을 하는지 말해 보십시오.
건강	• 건강한 생활을 위해 무엇을 하고 있는지 말해 보십시오. ➡ 건강한 생활을 위해 매일 한 시간씩 꾸준히 운동합니다. • 건강을 지키기 위해 어떤 음식을 먹어야 한다고 생각하는지 말해 보십시오. ➡ 너무 짠 음식은 먹지 않으며, 편식하지 말고 골고루 먹어야 합니다.
고민과 상담	• 윗사람에게 오해를 받은 적이 있습니까? 그 이유는 무엇입니까? ➡ 네, 있습니다. 직장 상사에게 반말을 사용해서 오해를 받은 적이 있었습니다. 작년에 처음 한국에 왔을 때, 한국어가 익숙하지 않아서 반말과 높임말(존댓말)을 구분하는 것이 좀 어려웠습니다. **예상 문제 더 보기** • 고향에서 꼭 지켜야 하는 예절을 말해 보십시오. • 고향에도 한국의 존댓말과 같은 문화가 있는지 말해 보십시오. • 한국의 예절과 고향의 예절 중 비슷한 점과 다른 점을 말해 보십시오. • 한국의 예절을 몰라서 실수한 적이 있습니까? 어떤 실수를 했는지 말해 보십시오.

교환과 환불	• 주로 어디에서 쇼핑합니까? ➡ 주로 인터넷으로 물건을 구입합니다. • 왜 거기에서 쇼핑합니까? ➡ 일을 하느라고 쇼핑할 시간이 없고, 인터넷에서는 가격도 쉽게 비교할 수 있어서 원하는 물건을 저렴하게 구입할 수 있습니다. 예상 문제 더 보기 • 고향에서 유명한 시장(또는 마트)은 어디입니까? 그곳이 왜 유명합니까?
경제	• 한강의 기적이란 무엇인지 말해 보십시오. ➡ 한강의 기적은 과거에 매우 가난했던 한국이 믿기 어려울 정도로 빠르게 성장을 한 것을 말합니다. • 한국 경제가 발전할 수 있었던 중요한 요인은 무엇인지 말해 보십시오. ➡ 국민의 의지, 풍부한 노동력, 높은 교육열 덕분에 한국은 발전할 수 있었습니다. 특히, 한국은 높은 교육열로 우수한 인재를 많이 길러낼 수 있었고, 그들은 경제 성장에 큰 도움이 되었습니다. 예상 문제 더 보기 • 한국의 주요 수출품이나 기술은 무엇인지 말해 보십시오. • 고향의 지폐에 있는 사람(또는 사물)의 이름은 무엇인지 말해 보십시오. • 한국 지폐에 있는 사람들의 이름은 무엇입니까? 그중에서 한 분의 업적을 말해 보십시오. • 생활비를 아끼기 위해 무엇을 하는지 말해 보십시오. • 생활비 중에서 가장 많이 쓰는 것은 무엇입니까? 그 이유는 무엇입니까? • 고향에서 물건을 싸게 살 수 있는 방법은 무엇이 있는지 말해 보십시오.
주거 환경	• 도시의 장점과 단점을 말해 보십시오. ➡ 도시에는 중요한 기관, 병원 등과 같은 시설이 모여 있습니다. 그리고 편의 시설과 문화 시설이 많습니다. 그러나 사람이 많아 공기가 탁하고 교통이 복잡합니다. • 농촌의 장점과 단점을 말해 보십시오. ➡ 농촌은 공기가 맑고 한적합니다. 그러나 편의 시설과 문화 시설이 없어서 생활이 불편합니다. 예상 문제 더 보기 • 여러분은 도시와 농촌 중에서 어디에 살고 싶습니까? 그 이유는 무엇입니까? • 한국 사람들이 농촌보다 도시에서 거주하는 것을 선호하는 이유는 무엇인지 말해 보십시오. • 사람들이 도시로 몰리면 어떤 문제가 발생합니까? 그 문제를 해결할 방법에는 무엇이 있는지 말해 보십시오.

공공기관과 복지	• 외국인이 한국 생활에 어려움을 겪거나 도움이 필요하여 상담이나 지원을 받을 수 있는 기관에는 어떤 곳이 있습니까? ➡ 외국인 상담 센터(외국인 지원 센터)가 있습니다. • 그곳에서 어떤 도움을 받을 수 있습니까? ➡ 기본적인 생활 정보, 출입국 정보, 의료 정보, 전문적인 노동 상담 등을 받을 수 있고, 통번역 서비스도 받을 수 있습니다. **예상 문제 더 보기** • 외국인에게 필요한 지원 서비스는 무엇이라고 생각하는지 말해 보십시오. • 한국의 긴급 전화번호는 몇 번입니까? 그곳에 전화하면 어떤 도움을 받을지 말해 보십시오. • 공공부조란 무엇인지 말해 보십시오. • 고향에도 사회 보험 제도나 공공부조 제도가 있으면 소개해 보십시오. • 한국의 사회 보험 제도에는 무엇이 있습니까? 제도 중 하나를 말해 보십시오.
문화생활	• 한국 생활 초기에 어려웠던 점은 무엇인지 말해 보십시오. ➡ 처음 한국에 왔을 때 한국어가 부족하여 다른 사람과 의사소통이 안 되어서 답답했습니다. • 요즘 한국 생활은 어떻습니까? 어려움을 어떻게 극복했는지 말해 보십시오. ➡ 한국어를 열심히 배워서 이제는 의사소통에 어려움이 없습니다. 한국 생활에 많이 익숙해졌습니다. **예상 문제 더 보기** • 고향 친구가 한국에 오면 무엇을 하고 싶은지 말해 보십시오. • 한국의 '방' 문화를 알고 있습니까? 어떤 것이 있는지 말해 보십시오. • 한국에는 어떤 대중문화가 있습니까? 그중 어떤 대중문화를 좋아합니까? 왜 그것을 좋아합니까? • 한국에는 다양한 배달 서비스가 있습니다. 배달 서비스를 이용해본 적이 있습니까? 어땠습니까?
고장과 수리	• 한국에서 전자 제품이 고장 나서 수리한 경험이 있습니까? 어떻게 수리했는지 말해 보십시오. ➡ 네, 휴대 전화가 고장이 나서 수리한 적이 있습니다. 먼저 서비스 센터에 전화를 해서 날짜와 시간을 예약했습니다. 그리고 예약한 날짜에 방문해 고장이 난 부분을 설명하고 휴대 전화 수리를 맡겼습니다.

| 취업과
직장 생활 | • 실업률이 증가하면 개인과 기업, 국가에 각각 어떤 영향을 미치는지 말해 보십시오.
➡ 실업률이 증가한다는 의미는 일을 하지 못하는 사람이 늘어난다는 의미이며, 실업률이 증가하면 개인은 돈을 벌지 못해 기본적인 생활을 유지하기 힘듭니다. 개인의 소비가 감소하면 기업은 생산을 줄이고, 국가는 줄어든 세금으로 국민에게 다양한 복지 혜택을 제공하지 못합니다.

• 한국의 취업 지원 제도에는 어떤 것이 있는지 말해 보십시오.
➡ 경력단절여성을 위한 프로그램, 청년을 위한 프로그램, 결혼 이민자를 위한 프로그램, 북한 이탈주민을 위한 프로그램 등이 있습니다.

예상 문제 더 보기
• 봉사활동을 해본 적이 있습니까? 어땠습니까?
• 직장 생활을 잘하기 위한 방법에는 어떤 방법이 있는지 말해 보십시오.
• 청년 실업 문제를 해결하기 위해 정부는 어떤 지원을 해야 하는지 말해 보십시오.
• 직장 생활 중 가장 어려운 점은 무엇입니까? 어려움을 극복하기 위한 방법에는 무엇이 있는지 말해 보십시오. |
| 문화유산 | • 유네스코 세계문화유산 위원회는 어떤 곳인지 말해 보십시오.
➡ 유네스코 세계문화유산 위원회는 세계적으로 중요한 문화재를 지키기 위해 문화유산을 보존하고 연구하는 곳입니다.

• 한국의 문화유산 중 한국의 서원은 어떤 시설인지 말해 보십시오.
➡ 한국의 서원은 조선 시대 교육 시설로, 유학(儒學)을 가르치던 곳입니다.

예상 문제 더 보기
• 고향의 문화유산에는 어떤 것이 있는지 소개해 보십시오.
• 친구 또는 가족에게 추천하고 싶은 한국의 문화유산을 소개해 보십시오.
• 여러분의 나라에 세계문화유산으로 등재된 것이 있으면 소개해 보십시오. |

교육 제도	• 한국의 의무 교육과 무상 교육에 대해 말해 보십시오.

<table>
<tr>
<td rowspan="1">교육 제도</td>
<td>
• 한국의 의무 교육과 무상 교육에 대해 말해 보십시오.
➡ 의무 교육은 반드시 교육을 받아야 하는 기간을 말합니다. 한국의 초등학교와 중학교는 의무 교육입니다. 무상 교육은 무료로 교육을 받을 수 있는 기간을 말합니다. 한국의 초등학교, 중학교, 고등학교는 모두 무상 교육입니다.

• 한국의 대학교 입시에 대해 말해 보십시오.
➡ 한국에서는 1년에 한 번 11월에 대학 입시를 위한 시험을 치릅니다. 대학 수학 능력 시험 줄여서 수능이라고 하며 학생들은 이 시험을 위해 초등학교부터 고등학교까지 열심히 공부를 합니다.

예상 문제 더 보기
• 한국의 교육 학제와 고향의 교육 학제 중 비슷한 점과 다른 점을 말해 보십시오.
• 한국의 대학교 입시와 고향의 대학교 입시 중 비슷한 점과 다른 점을 말해 보십시오.
• 한국의 교육열이 높은 이유는 무엇인지 말해 보십시오.
• 고향의 교육열은 한국과 비교해서 어떠한지 말해 보십시오.
• 교육열이 높아서 생기는 긍정적인 측면과 부정적인 측면을 말해 보십시오.
• 한국의 사교육을 설명해 보십시오.
• 여러분은 사교육을 찬성합니까? 반대합니까? 그 이유는 무엇입니까?
</td>
</tr>
<tr>
<td>선거와 투표</td>
<td>
• 지방자치제란 무엇인지 말해 보십시오.
➡ 지역 주민이 직접 자기 지역의 대표자를 뽑아서 그 지역의 정치와 행정을 처리하는 제도를 지방자치제라고 합니다.

• 지방자치단체장에게 지역의 일을 해결하도록 하는 이유는 무엇인지 말해 보십시오.
➡ 정부가 각 지역의 요구를 모두 처리하기 어렵기 때문에 지방자치단체장에게 지역의 일을 맡겨 해결하게 합니다.

예상 문제 더 보기
• 대한민국 선거의 4대 원칙을 말해 보십시오.
• 고향에서 지역의 대표를 뽑는 방법을 말해 보십시오.
</td>
</tr>
</table>

환경오염	• 환경오염의 종류에는 무엇이 있는지 말해 보십시오. ➡ 대기오염, 수질오염, 토양오염 등이 있습니다. • 어떤 환경오염이 가장 심각하다고 생각하는지 말해 보십시오. ➡ 수질오염이 가장 심각하다고 생각합니다. • 환경을 보호하기 위한 방법에는 어떤 것이 있는지 말해 보십시오. ➡ 일회용품이나 플라스틱 사용을 줄이고, 텀블러나 다회용기를 이용하면 좋습니다. 그리고 가까운 거리는 최대한 걷거나 자전거를 타고 다니면 환경을 지킬 수 있습니다. **예상 문제 더 보기 /** • 재활용 쓰레기에 대해 말해 보십시오. • 환경을 보호하기 위해 어떤 노력을 하고 있는지 말해 보십시오. • 한국에서 음식물 쓰레기와 일반 쓰레기를 버리는 방법을 말해 보십시오. • 한국의 쓰레기를 버리는 방법에 대해 어떻게 생각하는지 말해 보십시오. • 한국에서 쓰레기를 버리는 방법과 고향에서 쓰레기를 버리는 방법 중 비슷한 점과 다른 점을 말해 보십시오.
법과 질서	• 한국의 경범죄는 무엇인지 말해 보십시오. ➡ 무단횡단, 금연 구역에서 담배 피우기, 쓰레기 불법 투기, 인근 소란, 무단침입 등이 있습니다. • 법과 질서를 지켜야 하는 이유는 무엇인지 말해 보십시오. ➡ 법과 질서를 지키지 않는다면 길거리는 금방 더러워질 것이고, 나쁜 행동을 저지르는 사람이 많아져 안전하지 않은 사회가 될 것입니다. 깨끗하고 안전하게 살아가기 위해서 법과 질서는 꼭 지켜야 합니다. **예상 문제 더 보기 /** • 한국은 민주주의 국가입니다. 헌법 제1조 제1항을 말해 보십시오. • 대한민국을 민주공화국이라고 하는데 민주공화국의 의미를 말해 보십시오. • 대한민국이 지금의 민주주의 국가로 발전하게 된 여러 사건들이 있습니다. 어떤 사건이 있는지 말해 보십시오. • 헌법이 보장하는 국민의 기본적인 권리를 기본권이라고 합니다. 기본권에는 무엇이 있는지 말해 보십시오. • 대한민국에서는 범죄를 저지른 사람에게 형법을 적용하고 있습니다. 형벌의 종류를 말해 보십시오.

답안 작성 방법 안내

사회통합프로그램 기본소양 평가답안지 □사전평가 □중간평가 □종합평가

외 국 인 등 록 번 호

시험지 유형 / 영문 이름

ⒶⒷ

※ 주관식(단답형) 답은 뒷면에 기입하십시오.

객 관 식

1	① ② ③ ④	11	① ② ③ ④	21	① ② ③ ④	31	① ② ③ ④	41	① ② ③ ④
2	① ② ③ ④	12	① ② ③ ④	22	① ② ③ ④	32	① ② ③ ④	42	① ② ③ ④
3	① ② ③ ④	13	① ② ③ ④	23	① ② ③ ④	33	① ② ③ ④	43	① ② ③ ④
4	① ② ③ ④	14	① ② ③ ④	24	① ② ③ ④	34	① ② ③ ④	44	① ② ③ ④
5	① ② ③ ④	15	① ② ③ ④	25	① ② ③ ④	35	① ② ③ ④	45	① ② ③ ④
6	① ② ③ ④	16	① ② ③ ④	26	① ② ③ ④	36	① ② ③ ④	46	① ② ③ ④
7	① ② ③ ④	17	① ② ③ ④	27	① ② ③ ④	37	① ② ③ ④	47	① ② ③ ④
8	① ② ③ ④	18	① ② ③ ④	28	① ② ③ ④	38	① ② ③ ④	48	① ② ③ ④
9	① ② ③ ④	19	① ② ③ ④	29	① ② ③ ④	39	① ② ③ ④		
10	① ② ③ ④	20	① ② ③ ④	30	① ② ③ ④	40	① ② ③ ④		

※ 감독자만 기입하십시오.

주관식1	주관식2	구술형점수	감독 서명

※ 객관식 답안은 OMR 카드에 작성합니다.

컴퓨터용 검은색 사인펜

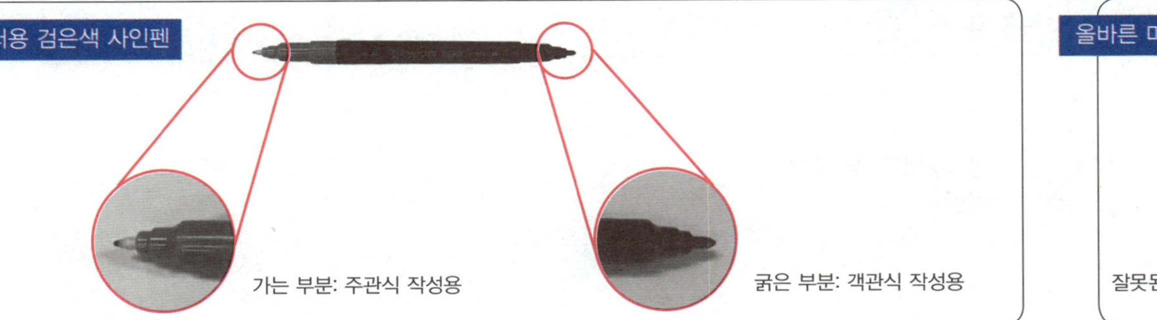

가는 부분: 주관식 작성용

굵은 부분: 객관식 작성용

올바른 마킹

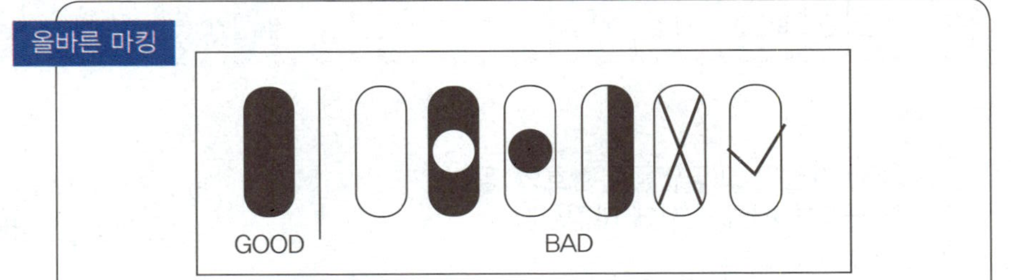

잘못된 필기구 사용과 답안지의 불완전한 마킹으로 인한 답안 작성 오류는 본인에게 책임이 있음

② 외국인등록증에 표시된 외국인등록 번호를 '외국인등록번호'란의 빈칸에 하나씩 적는다.
① ■ 사전평가 (□에 마킹)
④ 응시자의 이름을 반드시 '영문 이름'으로 적는다.
사회통합프로그램 기본소양 평가답안지 □사전평가 □중간평가 □종합평가
외 국 인 등 록 번 호
시험지 유형
영문 이름
※ 주관식(단답형) 답은 뒷면에 기입하십시오.
객 관 식
※ 감독자만 기입하십시오.
주관식1 주관식2 구술형점수 감독 서명
Ⓐ
Ⓑ
③ ②에 기입한 외국인등록번호와 동일한 숫자를 해당 숫자에 마킹한다.
⑤ 시험지 유형에 '본인 시험지 유형'(Ⓐ형 or Ⓑ형)에 마킹한다.

사회통합프로그램 기본소양 평가답안지 □사전평가 □중간평가 □종합평가

※ 감독자만 기입하십시오.

외 국 인 등 록 번 호

시험지 유형
영문 이름

※ 주관식(단답형) 답은 뒷면에 기입하십시오.

객 관 식

| 주관식1 | 주관식2 | 구술형점수 | 감독 서명 |

주관식 1

주관식 2

※ 이 답안지는 연습용 모의 답안지입니다.

절취선

사회통합프로그램 기본소양 평가답안지 □사전평가 □중간평가 □종합평가

※ 감독자만 기입하십시오.

| 외 국 인 등 록 번 호 | 시험지 유형 | 영문 이름 | 객 관 식 | 주관식1 | 주관식2 | 구술형점수 | 감독 서명 |

※ 주관식(단답형) 답은 뒷면에 기입하십시오.

| 주관식 1 |
| 주관식 2 |

절취선

사회통합프로그램 기본소양 평가답안지 □ 사전평가 □ 중간평가 □ 종합평가

외 국 인 등 록 번 호													

※ 감독자만 기입하십시오.

주관식1	주관식2	구술형점수	감독서명

시험지 유형	영문 이름
Ⓐ Ⓑ	

※ 주관식(단답형) 답은 뒷면에 기입하십시오.

객 관 식

주관식 1	주관식 2

※ 이 답안지는 연습용 모의 답안지입니다.

절취선

사회통합프로그램 기본소양 평가답안지 □사전평가 □중간평가 □종합평가

※ 감독자만 기입하십시오.

※ 주관식(단답형) 답은 뒷면에 기입하십시오.

외 국 인 등 록 번 호	시험지 유형	영문 이름	객 관 식					주관식1	주관식2	구술형점수	감독 서명

객관식

1	① ② ③ ④	11	① ② ③ ④	21	① ② ③ ④	31	① ② ③ ④	41	① ② ③ ④
2	① ② ③ ④	12	① ② ③ ④	22	① ② ③ ④	32	① ② ③ ④	42	① ② ③ ④
3	① ② ③ ④	13	① ② ③ ④	23	① ② ③ ④	33	① ② ③ ④	43	① ② ③ ④
4	① ② ③ ④	14	① ② ③ ④	24	① ② ③ ④	34	① ② ③ ④	44	① ② ③ ④
5	① ② ③ ④	15	① ② ③ ④	25	① ② ③ ④	35	① ② ③ ④	45	① ② ③ ④
6	① ② ③ ④	16	① ② ③ ④	26	① ② ③ ④	36	① ② ③ ④	46	① ② ③ ④
7	① ② ③ ④	17	① ② ③ ④	27	① ② ③ ④	37	① ② ③ ④	47	① ② ③ ④
8	① ② ③ ④	18	① ② ③ ④	28	① ② ③ ④	38	① ② ③ ④	48	① ② ③ ④
9	① ② ③ ④	19	① ② ③ ④	29	① ② ③ ④	39	① ② ③ ④		
10	① ② ③ ④	20	① ② ③ ④	30	① ② ③ ④	40	① ② ③ ④		

시험지 유형: Ⓐ Ⓑ

주관식 1	주관식 2

2026 시대에듀 사회통합프로그램 사전평가 실전 모의고사

개정10판1쇄 발행	2026년 02월 20일 (인쇄 2026년 01월 15일)
초 판 인 쇄	2016년 04월 20일 (인쇄 2016년 03월 23일)
발 행 인	박영일
책 임 편 집	이해욱
편 저	사회통합교육연구회
편 집 진 행	구설희 · 곽주영
표 지 디 자 인	조혜령
본 문 디 자 인	김예슬 · 김휘주
발 행 처	(주)시대고시기획
출 판 등 록	제10-1521호
주 소	서울시 마포구 큰우물로 75 [도화동 538 성지 B/D] 9F
전 화	1600-3600
팩 스	02-701-8823
홈 페 이 지	www.sdedu.co.kr

I S B N	979-11-434-0784-9(13300)
정 가	15,000원